多层次资本市场研究

2021年第4辑　总第10辑

徐　明　总编
隋　强　党小卉　主编

中国金融出版社

责任编辑：石　坚
责任校对：孙　蕊
责任印制：丁淮宾

图书在版编目（CIP）数据

多层次资本市场研究 . 2021 年 . 第 4 辑：总第 10 辑 / 徐明总编；隋强，党小卉主编. —北京：中国金融出版社，2021. 12
ISBN 978-7-5220-1449-4

Ⅰ. ①多…　Ⅱ. ①徐…　②隋…　③党…　Ⅲ. ①资本市场—研究—中国
Ⅳ. ①F832. 51

中国版本图书馆 CIP 数据核字（2021）第 262491 号

多层次资本市场研究 . 2021 年第 4 辑
DUOCENGCI ZIBEN SHICHANG YANJIU. 2021 NIAN DI-SI JI
出版
发行　中国金融出版社
社址　北京市丰台区益泽路 2 号
市场开发部　（010）66024766，63805472，63439533（传真）
网 上 书 店　www. cfph. cn
（010）66024766，63372837（传真）
读者服务部　（010）66070833，62568380
邮编　100071
经销　新华书店
印刷　河北松源印刷有限公司
尺寸　185 毫米×260 毫米
印张　9. 75
字数　151 千
版次　2021 年 12 月第 1 版
印次　2021 年 12 月第 1 次印刷
定价　58. 00 元
ISBN 978-7-5220-1449-4

编者按

中小企业是我国国民经济和社会发展的生力军，是推动经济增长、促进科技创新、扩大就业创业、激发市场活力、保障改善民生的重要力量。中小企业好，中国经济才会好。充满活力的中小企业，多样性、差异化的经济生态，是我国经济韧性的重要保障。多年来，资本市场积极探索、完善服务中小企业的制度安排，构建了涵盖区域股权市场、新三板市场、交易所市场的多层次体系，促进中小企业创新发展效能显著提升。

本辑设“支持中小企业创新发展”专题，专家学者围绕中小企业创新发展和北京证券交易所市场建设展开深入研究，收录4篇文章。中国人民大学副校长刘元春在《中小企业创新发展影响因素及政策效应分析》一文中提出，促进中小企业创新发展，事关我国经济社会发展与转型升级大局，文章通过分析中小企业创新发展要素和“专精特新”政策效应，在金融、财税、人才、市场环境等方面，提出支持中小企业创新发展的政策建议。北京大学国家发展研究院副院长黄益平在《运用数字技术助力解决中小企业融资难题》一文中，对我国数字金融创新，特别是数字技术在信用风险管理中应用进行介绍分析，提出运用数字技术降低上市企业信息不对称、支持中小企业融资发展的建议。清华大学五道口金融学院副院长张晓燕等撰写的《北京证券交易所新规对中小企业融资影响分析》一文认为，北京证券交易所发布的基础制度契合中小企业成长规律，体现针对性、精准性和包容性特点，不仅旨在提升市场功能，更在严惩违法行为、加强信息披露、限制投机套现等方面，通过完善基础制度，净化市场环境，切实保护投资者及上市公司利益。中国中小企业协会副秘书长聂贤祝从中小企业创新发展现状、特征和融资需求出发，在《支持中小企业创新发展 高质量建设北京证券交易所》一文中，针对北京证券交易所打造服务创新型中小企业主阵地，提出紧密对接创新型中小企业、提高培育辅导能力、关注流动性问题等方面建议。

引导更多中长期资金入市，是促进资本市场持续稳定健康发展的重要内容，也是全面深化资本市场改革的重要任务。本辑“制度探索”栏目重点围绕中长期资金入市问题进行探讨。红塔证券者倩在《符合我国国情的长期资金入市主体与路径探讨》一文中，结合挪威政府养老基金、新加坡淡马锡控股、中国香港地区强积金制度等案例，解析不同类型长期资金特征及其进入资本市场路径，提出推动国有企业股权等资本进行长期投资、建立国有资本长效投资驱动管理体系、加强投资者教育、加大金融产品供给、扩大企业年金和职业年金覆盖面等政策建议。中航证券王茹丹在《养老金入市国际政策环境比较研究》一文中以欧美等发达国家养老基金入市经验为借鉴，建议在提供不同养老金管理机制、促使养老金责任向私营部门转移、进一步提升养老金入市税收优惠政策的同时，推动第二、第三支柱养老金进入股市。投资者是资本市场发展的根本，保护投资者合法权益，是资本市场践行以人民为中心的发展思想，服务实体经济高质量发展的重要体现。本辑“制度探索”栏目收录中信建投石云、廖俊与乔春雨合著的《基于目标投资模型在投资者教育中的应用研究》，文章梳理投资者教育的国际实践，结合中国投资者教育的探索实践和基于目标投资的本土化实践，提出应将投资者教育工作提升到国家金融发展战略高度。模式创新、产品创新有助于激发资本市场活力。本辑“制度探索”栏目收录国金证券课题组《SPAC 上市融资模式比较分析研究》研究成果，该研究认为 SPAC 上市模式融合了私募、上市、投资银行尽调、反向并购、公募、转板（如需）等多方面金融产品和服务，SPAC 上市模式中相关主体融资的多样性及便捷性对于资本市场服务实体经济有重要借鉴价值。

本辑“法制建设”栏目收录稿件 1 篇。北京金杜律师事务所赖坤元和北京大学法学院教授蒋大兴在合著的《委派董事之股东信披违法行政责任研究（下）》一文针对中国公众公司“董事席位瓜分”的问题，对域外法中法人董事制度进行详细介绍，并提出构建一套信披违法追责路径的解决办法。

本辑“市场实践”栏目收录文章 4 篇。吉林证监局尹晓燕、郑妍、史凤娇在《注册制下注册会计师从事证券服务业务归位尽责问题研究》一文，从行业、市场、法治等方面对注册会计师执业现状进行分析，文章认为注册制改革对注册会计师理念定位、规范执业、勤勉尽责均提出了更高要求，应当完善执业质量评价体系，引导优胜劣汰良性竞争，进一步压实其资本市场“看门人”

责任。中证机构间报价系统刘帅帅在《区域性股权市场股权业务现状、问题及改进——基于交易成本理论》一文对区域性股权市场存在的问题及其原因进行深入探究，文章运用交易成本理论对区域性股权市场的挂牌服务及类似服务进行对比测度，提出降低交易成本的具体构想——中小微企业股权服务三层业务架构，以期提升区域性股权市场功能，提高资源配置效率。北京证券交易所叶莹和于春娟在《深化新三板改革对公司质量影响研究》一文中指出，公开发行为北京证券交易所上市公司经营发展提供重要融资支持，同时受到公开市场的规范推动，北京证券交易所上市公司总体质量明显提升。全国股转公司、北京证券交易所袁野在《中小市值股票市场流动性及流动性溢价实证研究》中，通过流动性横截面效应和时序效应的实证研究，证明转板综合因子与股票流动性存在显著正向关系。

目　录

【本期专题：支持中小企业创新发展】

【制度探索】

【法制建设】

【市场实践】

本期专题

支持中小企业创新发展

中小企业创新发展影响因素及政策效应分析

刘元春*

摘　要：创新是引领发展的第一动力。中小企业作为国民经济和社会发展的重要力量，已经成为经济增长和技术创新的关键引擎。促进中小企业创新发展，事关我国经济社会发展与转型升级大局。本文从支持中小企业创新发展的重要性出发，通过比较分析中小企业创新发展要素和“专精特新”政策效应，在金融、财税、人才、市场环境等方面提出支持中小企业创新发展的政策建议。

关键词：中小企业　创新发展　“专精特新”

创新是引领发展的第一动力。党的十九大报告提出“加快建设创新型国家”。党的十九届五中全会强调，坚持创新在我国现代化建设全局中的核心地位，把科技自立自强作为国家发展的战略支撑，并把完善科技创新体制机制作为坚持创新驱动发展、全面塑造发展新优势的重要内容。中小企业作为国民经济和社会发展的重要力量，已经成为经济增长和技术创新的重要引擎。促进中小企业创新发展，事关我国经济社会发展大局。

一、经济增速下降凸显创新驱动发展重要性

2001 年加入世界贸易组织（WTO）之后的 10 年，我国经济实现高速增

* 刘元春，中国人民大学副校长。本文为作者在 2021 金融街论坛年会“完善多层次资本市场体系，打造服务创新型中小企业主阵地”议题中的发言内容，该平行论坛由全国股转公司、北京证券交易所承办。

长，2001—2010 年平均 GDP 增速达到 10.55%。2010 年后经济增长开始下降，2011 年 GDP 增速跌破 10%，2016 年 GDP 增速降至 7%，2019 年增速降为 6%。2011—2019 年平均 GDP 增速为 7.34%。受外部环境变化和内部成本上升影响，预计未来一段时期我国经济增速将进一步放缓，或将进入“中速”甚至“中低速”时代。

近年来，我国经济增长动力主要来源于资本投入和技术进步，而劳动力贡献较小且不断下降，2013 年后劳动年龄人口下降使其贡献转为负。投资作为我国经济增长主要动力来源，2010—2019 年资本贡献率一直保持在 60%以上，并在 2012 年达到峰值，之后开始缓慢下降。技术进步（TFP）贡献率先降后升，从 2010 年的 24.1%下降到 2012 年的 16.4%，之后上升到 2019 年的 38%。

我国投资效率逐步下降，技术进步驱动经济增长有较大提升空间。1978 年以来，我国投资率与经济增长率保持较长时间同步波动关系，但在 2008 年后正相关关系转负，这意味着投资效率明显下降。自 2010 年以来，诸多行业饱受产能过剩之苦，从传统钢铁产业到光伏、风电等新兴产业，从上游能源领域到下游交通运输领域，部分行业产能利用率持续下降，过度竞争和重复建设是造成资源在行业间错配的重要原因。与此同时，劳动年龄人口绝对数不断下降，城镇化率减速。“十四五”期间我国要实现经济平稳增长的目标，促进科技创新是关键。

二、中小企业创新发展现状

2020 年新冠肺炎疫情暴发后，在国家“六稳”“六保”政策支持下，中小企业经营困境得到缓解改善。2020 年下半年以来，国内统筹疫情防控和经济社会发展工作取得阶段性成果，复工复产复商复市有序推进，供需两侧持续回稳，主要经济指标持续改善，我国经济恢复较快。但全球新冠肺炎疫情和世界经济形势依然严峻复杂，国内防范疫情反弹任务仍十分艰巨，国内稳就业、稳企业、保民生压力加大，经济稳定回升基础仍有待夯实。中小企业生产经营困难依然较多，负担较重、融资困难、成本上升、订单不足等问题普遍存在。特别是，当前中小企业面临需求不足、国际大宗商品价格上涨和市场议价能力不足等问题，部分地区中小企业应收账款拖欠问题突出。

目前，我国市场主体已经突破 1.5 亿户，其中中小企业占比超过九成，创造大部分产出和税收，吸纳大部分就业。同时，中小企业研发投入强度不断提升，在专利申请、授权数量和新产品销售占比等指标上占据越来越大比重，其中专利授权数量超过70%，是我国技术创新的重要力量。

近年来，中小企业创新能力不断提升。“十三五”时期，民营高新技术企业数量占全国高新技术企业的比重从2016年的87%提升到2020年的92.4%，民营高新技术企业销售收入占比从2016年的64.2%提升到2020年的70%。支持中小企业政策全面推进。26个省份为“专精特新”中小企业提供专项资金支持，培育专精特新“小巨人”企业4762家，省级“专精特新”中小企业3万多家，纳入培育库11.3万家；培育入库科技型中小企业22.3万家，其中专精特新“小巨人”企业平均研发强度6.6%，平均拥有发明专利12项，部分企业产品填补了国内空白。新一代信息技术应用能力进一步提高，中小企业两化融合发展水平从2016年的36.4提高到2020年的46.1。创新创业环境不断优化，培育212家大众创业万众创新示范基地、343家国家中小企业创业创新示范基地、众创空间和孵化器，总数超14万家，支持30个城市打造“中小企业创业创新基地城市示范”，培育支持200家实体开发区打造大中小企业融通型特色载体等创新创业特色载体。“创客中国”中小企业创新创业大赛、“双创”活动周、中国创新创业大赛等活动深入开展。

三、影响中小企业创新发展因素

影响中小企业创新发展因素可大致分为金融市场发展状况、财税政策、人才市场、科技赋能和其他市场环境因素。

一是金融市场发展。根据企业生命周期的阶段性变化，适合中小企业科技产品创新的金融供给体系具有阶段性、多元性和创新性特点。阶段性是指为中小企业技术创新提供金融服务的机构和产品在企业生命周期的不同阶段是不同的。在创业阶段，中小企业只有经营性现金流，抵押品较少，有较大创业失败风险；此阶段投入的外部资金主要是风险投资类基金，或是不求回报并可承担损失的政府投资。在成长阶段，中小企业创业失败风险虽有所下降，但由于经营不稳定和收益不确定，整体风险水平依然较高；此阶段中小企业的外部融资需求量迅速提高，投资资金来源依然主要是股权投资，包括风险投资以及创业投资资金。在成熟阶段，中小企业技术创新风险大幅下降，由于产品性能成熟，市场销路打开并趋于稳定，中小企业经营收入和经营性现金流较为平稳并且充裕，此时企业更倾向于寻找债务资金满足融资需求。总体来讲，中小企业技术产品创新过程中融资难度最大的是创业阶段，融资需求量最大且仍存有融资难度的是成长阶段，这既是中小企业技术创新的融资瓶颈阶段，也是支持中小企业技术产品创新的金融体系建设关键阶段。因此，我国亟待在股权融资、债务融资等方面加强市场建设，支持中小企业创新持续发展。

二是财政税收政策支持。近些年，我国政府出台了众多支持中小企业创新发展的财政税收政策，目前财政奖补和税收减免是支持中小企业创新发展的重要渠道，各地政府也通过建设综合服务体系为中小企业创新发展提供综合支持，或通过提高政府采购鼓励中小企业创新。从调查结果看，许多中小企业对政府的支持政策比较满意，近七成中小企业认可政府的政策指导，七成中小企业在创新研发中享受到政府在项目资金支持和税收减免上的帮助。但目前直接针对中小企业创新准备阶段和研发环节的政策较少，而产业化环节税收优惠政策针对性较强，涉及的税种较多，主要包括关税、增值税、消费税、企业所得税和个人所得税五个税种，全方位解决了中小企业在创新产业化环节的后顾之忧，对于企业生产自主创新产品、提供自主创新服务具有较强的引导作用。从现有情况看，财政税收政策支持中小企业创新发展仍需细化，而且亟待提高地方政府执行力。

三是人才因素。中小企业量大面广，处于不同行业、不同地区、不同发展阶段的中小企业人才需求分布呈现多元化特点，如北京地区以信息传输业人才分布区域占比最高，江苏地区软件和信息技术服务业以19%的人才排在首位，广东地区的零售业、租赁和商务服务业人才“拔头筹”。由于中小企业具有“小、弱、散、杂”等特点，引进人才优劣并存。总体看，中小企业人才流动性较大，人才留用困难，特别是高端人才聚集在一线城市，二线及以下城市的中小企业人才需求很难满足。

四是科技赋能。这是现阶段中小企业创新发展核心因素。科技创新应用推动中小企业数字化转型，助力其创新发展打下坚实基础。科技赋能金融系统，促进更多中小企业实现高质量融资，为中小企业与科研院校进行产学研结合搭建平台。但我国科技赋能中小企业创新发展仍然面临科技创新动力不足、传统金融支持力度不够等诸多问题。

影响中小企业创新发展的其他市场环境因素，主要有产学研结合环境、所有制分割程度和市场垄断冲击。高校是产学研合作的重要主体，具有科研经费充足和高水平研究人员充裕等天然优势，其科技知识储备资源可转化为中小企业创新发展的推动力。一方面，高校对中小企业创新发展存在明显知识溢出效应，高校的公开研究成果以显性知识形式存在，可以直接为中小企业所用；另一方面，高校与中小企业合作，能够通过人才流动沟通使高校生产的知识以隐性形式扩散到中小企业中，最终内化为中小企业的创新动力。同时，高校作为教育机构，在培养人才、增加劳动者人力资本方面也具有重要作用。我国高校研发项目数量、当年人员投入和当年拨入经费逐年快速稳定增长，高校研发能力快速增强。高校与市场主体签订技术转让的合同数量与金额呈逐年上升趋势。我国高校研究和市场需求整体对接程度仍然较低，需要进一步推进。在所有制分割方面，我国近年民营企业虽然得到更多公正对待，但在金融融资、财税政策、人才吸引等方面仍然处于不利地位。最后，市场垄断对中小企业创新发展存在负面影响。大企业如何与中小企业协同创新、融通发展是一个亟须加强研究的重要课题。

四、支持中小企业走“专精特新”发展道路的政策效应分析

当前国家支持中小企业创新发展的重要做法是评定“专精特新”企业、高新技术企业等，并予以政策支持。在 2019 年中央财经委员会第五次会议上，习近平总书记提出“要发挥企业家精神和工匠精神，培育一批‘专精特新’中小企业”。

《国民经济和社会发展第十四个五年规划和 2035 远景目标纲要》中明确提出，要“推动中小企业提升专业化优势，培育‘专精特新’‘小巨人’企业和制造业单项冠军企业”。国家出台了一系列政策，鼓励中小企业走“专业化、精细化、特色化、创新型”发展道路，提升自身创新能力和专业化水平，实现高质量发展。自 2019 年培育开展此项工作以来，工信部批准认证三批专精特新“小巨人”企业数量共计 4762 家，包括中型企业 2720 家、小型企业 2033 家、微型企业 9 家，其中民营企业占比高达 84%，对于促进我国中小企业和民营企业实现高质量发展起到重要引领作用。

我国专精特新“小巨人”企业专业化程度高，聚焦主业，主导产品市场竞争力好，配套能力优。同时，这些中小企业创新能力较强，研发投入力度较大，研发人员占比较高，有效专利持有量多，补短板填空白、替代进口能力强。在科技赋能方面，“专精特新”企业精细化水平高，数字赋能力度大，且这些企业成长性好、发展潜力大，拟上市企业较多。

除了出台鼓励中小企业“专精特新”发展政策外，地方政府还积极构建产业创新服务综合体，高频推出科技发展专项资金、企业研发费用税前加计扣除、科技型中小企业融资保证保险服务、孵化器、众创空间、高新技术企业认定及管理、单项冠军、地方性融资担保等鼓励政策。调研中发现，这些政策对促进中小企业创新发展起到积极作用。但也有一些惠企政策存在“评估年”效应，即在评定身份当年企业表现较好，之后政策效应回落。显然，当前部分惠企政策还需注意实施方式。

五、总结建议

基于大量比较分析研究，总结如下促进中小企业创新发展政策建议。

一是在金融方面，应继续大力发展资本市场。首先，通过风险投资加大对创业、成长阶段中小企业科技创新的支持。其次，继续加大政府担保力度。再次，进一步减少金融市场歧视。最后，借鉴美国经验调整对中小企业申请创新类贷款的审批标准，不是基于抵押品价值，而是注重创新项目的可行性。

二是在财税方面，应适当前移税收优惠政策，加大中小企业创新准备阶段和研发环节的税收优惠力度。扩大支持中小企业创新发展的财政补贴规模，全面细化财政补贴制度。将支持中小企业创新发展的政府采购政策落到实处。积极打造共性技术平台，促进大中小企业资源对接。

三是在人才方面，进一步完善人才培养体系，建立健全市场人才职业体系，特别是加大高层次人才培养和引入力度，设立劳动力供需监测预警平台。敦促中小企业加强内部人才管理。积极打破人才流动壁垒，促进高新技术人才自由流动。

四是在市场环境方面，推进产学研实效发展，改革高校考核机制。大力引进国外拥有先进技术的企业和人才。推进中小企业融通发展，促进中小企业实现数字化转型升级。

五是在政策执行方面，更加注重激发中小企业内生动力，重视鼓励中小企业自主研发，打破现有技术瓶颈，突破“卡脖子”技术。

运用数字技术助力解决中小企业融资难题

黄益平*

摘　要： 我国经济发展进入新阶段，正在从要素投入型增长转向创新驱动型增长，经济转型对金融服务提出新要求。金融体系能否给中小企业提供满意的金融服务，决定我国能否持续创新、经济能否持续增长。本文研究分析数字技术在银行信贷领域运用情况，认为数字技术能够有效管理信用风险，解决中小企业金融服务中获客难和风控难问题，支持中小企业间接融资，建议北京证券交易所在为创新型中小企业提供一个专有融资平台的同时，可以创新性地利用数字技术，降低上市企业信息不对称程度。

关键词： 大数据　数字技术　信用　融资

我国经济发展进入新阶段，发展资本市场是构建现代金融体系的重要内容，北京证券交易所的设立正是其中历史性关键一步，北京证券交易所市场建设任重道远。从目前情况看，中小企业获得银行贷款很难，上市更难，而数字技术发展、第四次工业革命兴起为中小企业创新发展提供了难得机会。如果北京证券交易所能够利用好全球新一轮科技革命和产业变革带来的机遇，运用全球先进的数字技术助力解决中小企业融资难题，或将成为一个世界级的样板。

---

* 黄益平，北京大学国家发展研究院副院长。本文为作者在2021金融街论坛年会“完善多层次资本市场体系，打造服务创新型中小企业主阵地”议题中的圆桌讨论发言，该平行论坛由全国股转公司、北京证券交易所承办。

一、中小企业金融服务的重要性

改革开放四十年，我国已经建成一个相对完整的金融体系，其中包括银行、保险、信托、证券、基金等众多金融机构。这套金融体系在改革开放期间发挥了较好作用，不仅有效支持经济高速增长，同时也维持金融稳定。但近些年，我国金融体系效率有所下降：一方面，金融体系服务实体经济的支持力度有所减弱；另一方面，引发系统性金融风险的苗头有所提升。当前，我国经济正在从要素投入型增长转向创新驱动型增长，经济转型升级对金融体系服务提出新要求，核心挑战是金融体系能否有效支持经济创新，其中一个难题是能否有效解决中小企业、民营企业融资难问题。

当前，中小企业在我国经济中占比高，中小企业提供的就业人数占城镇就业达80%以上。我国企业创新中民营企业、中小企业占比达70%以上。因此，在推动创新驱动型增长的背景下，能否给中小企业提供满意的金融体系服务，决定将来我国经济能否持续创新、能否持续增长。

二、数字技术助力中小企业间接融资

在银行部门，中小企业融资难主要体现在获客难和风控难。传统金融机构获取中小企业客户的成本非常高，中小企业大多规模小、数量大、地理位置分散，在一定程度上增加了银行的获客成本。与此同时，银行缺乏有效的风控手段，通常采用财务数据、抵押资产和“关系型信贷”三种方法评估企业信用风险，而很多中小企业由于没有这些方面的足够资质难以获得融资。

近年来，我国科技金融创新，特别是大型科技公司信贷（以下简称大科技信贷，BigTech Lending）利用数字技术有效管理信用风险，走出一条为中小企业提供融资的新路子。所谓的大科技信贷，主要是指一些大型科技公司利用数字技术提供贷款，其信用风险管理框架主要基于大科技平台、大数据风险评估两大支柱。其中，大科技平台发挥长尾效应，可以快速、海量、低边际成本地获取用户，大幅降低获客成本；大科技平台可以收录用户的资信信息，形成大数据。可见，大数据可以发挥实时监测、风险评估、还款管理三个方面的作用。

实证研究发现，利用非传统的大数据和机器学习模型做信用风险评估，预测贷款企业违约的准确性超过传统银行的风控模型，使新型互联网银行可以为大量缺乏财务数据、抵押资产的小企业提供贷款，同时还能控制住风险，因此具有较高普惠价值。当然，大科技信贷也有其局限性，通常适用于线上企业小规模的极短期贷款，对银行信贷发挥互补的作用。但中小企业特别是创新型中小企业上市，也有先天的短板，因为资本市场的门槛要高于商业银行，主要是因为对信息透明度的要求更高。

三、数字技术助力中小企业直接融资

从国际经验看，资本市场是发达国家支持企业创新的标配，换言之，资本市场在支持中小企业创新发展方面是有得天独厚的先天优势。但市场通常认为，资本市场融资门槛远高于银行融资，创新型中小企业、民营企业如何与资本市场相匹配是个难题。中小企业到资本市场融资难的原因在于资本市场对企业不了解，尤其是中小企业，而利用大数据可以解决这一问题。目前虽未出现在资本市场运用大数据的成功案例，然而已有相关领域的实践探索，如很多地方建立的金融信息综合服务平台，连接当地税务、司法、社保、水电等信息平台，已经在银行做信用风险评估时发挥作用。将来对于中小企业上市，此类平台也可以用来分析上市中小企业的经营及其资信状况，降低信息不对称。

有的投资基金通过整合、分析专利及相关数据，分析创新型企业的创新能力与市场价值，投资收益取得不错效果。例如，有风险投资的基金集中汇总了全世界所有的专利数据，并进行大数据分析，可以分析创新型中小企业有什么专利、谁在使用、有多少人在使用、潜在的投资价值是什么。分析后，可以更加充分了解拥有专利的中小企业，并且了解将来在市场上对投资者的价值。

我国资本市场发展走过了三十多个年头，已经形成多层次资本市场体系，但总体看，目前上市企业仍以传统行业的大企业为主。新三板市场在8年改革中为改善中小企业融资环境作出重要贡献，2021年9月3日，北京证券交易所成立，主要服务创新型中小企业，这既是一个重要的制度创新，也更应该进行业务创新。北京证券交易所在为创新型中小企业提供一个重要直接融资平台的同时，可以创新性地利用数字技术，有效解决上市企业信息不对称问题。

北京证券交易所新规对中小企业融资影响分析

张晓燕　殷子涵　王艺熹*

摘　要： 北京证券交易所成立，将形成京、沪、深三地功能互补、各具特色、各显优势的证券市场新格局。本文比较分析了北京证券交易所新规，认为无论是纵向对比基础层、创新层，还是横向对比科创板、创业板，北京证券交易所发布的基础制度都切实考虑中小企业发展规律，体现针对性、精准性和包容性特点，不仅旨在提升市场功能，更在严惩违法行为、加强信息披露、限制投机套现层面，通过完善制度，净化市场环境，切实保护投资者及上市公司利益。

关键词： 北京证券交易所　创新型中小企业　制度建设

中小企业在我国市场经济结构中发挥着至关重要的基础作用。截至 2020 年底，我国市场主体总数已达 1.4 亿户，其中中小企业数量占比 95.68%，营业收入占比 62.98%，利润总额占比 53.46%。中国社会主义市场经济离不开中小企业高质量发展，破解中小企业融资难、融资贵这一世界性难题是我国金融体制改革的重点，与改善人民群众生活息息相关。2020 年 1 月，国务院金融稳定发展委员会召开第十四次会议时也强调了促进中小企业发展的重要性，提出要持续加大支持力度，切实缓解融资难融资贵等问题。

北京证券交易所（以下简称北交所）定位于服务创新型中小企业，为中小

---

* 张晓燕，清华大学五道口金融学院副院长；殷子涵、王艺熹，清华大学金融科技研究院鑫苑房地产金融科技研究中心研究专员。本文受国家自然科学基金资助项目（71790605）的资助。

企业创新发展提供直接融资，尊重创新型中小企业发展规律和成长阶段，构建包容性和精准性制度体系。在北交所制度框架下，发行上市、持续融资、交易机制、投资者适当性、转板、信息披露、退市制度逐步完善，形成一套契合中小企业特点的差异化制度安排。北交所成立是我国金融供给侧结构性改革的重要内容，是实施国家创新驱动发展战略的重要举措，有望从根本上改善中小企业融资环境，破解中小企业融资难题，让中小企业创新发展带来的收益惠及更多投资者，有利于实现共同富裕奋斗目标。

一、中小企业融资现状

当前我国中小企业依然存在融资难融资贵的问题，具体的融资状况可以从信贷市场、债券市场、股票市场分开来看。

信贷市场方面，间接融资为中小企业提供的资金支持尚有不足。中国人民银行研究局研究显示，我国中小企业中长期贷款余额占比为58.4%，远低于发达经济体的70%，贷款抵押率在50%上下浮动，普遍高于欧洲国家。这凸显出我国中小企业贷款经营仍有发展空间，融资信用较低的特点。

债券市场方面，仅有极少数中小企业采用了债券方式融资。根据中国人民银行数据，截至2019年末，中小企业债券余额占比仅为1.3%，是同期中小企业贷款余额的3.41%，且70%以上来源于银行发债，新三板约7000家挂牌公司中仅有20家发行债券，中小企业相关债券市场仍需进一步发展。

股票市场方面，股权融资与中小企业特征有良好适配性。相比间接融资和债券融资，股票市场交易双方选择更丰富，融资成本低、投资成长性回报高。党的十九届五中全会强调，提高直接融资比重是资本市场实现高质量发展的战略目标和重点任务。

二、中小企业融资难、融资贵原因分析

在信贷市场中，银行严格的审核条件设置对于中小企业包容性不足。我国中小企业中长期贷款余额较低的现象凸显出两方面的问题，一方面企业端因为融资成本高而不愿负债经营，另一方面更主要的是贷款供给端因为中小企业经营风险高而不愿贷出的问题。中小企业生产经营稳定性较差，业绩易受外部因素影响，持续经营和盈利能力存在一定不确定性。而在发放信贷过程中，通常以公司的基本运营情况评级为基准，中小企业无法像国有企业或行业龙头企业

一样拥有竞争优势，难以满足较高评分分级条件，且面临手续繁杂、抵押费高等问题。因此，中小企业通过信贷渠道难以获得充足资金或只能以较高成本获取资金。

在债券市场中，中小企业风险特征与市场风险偏好不匹配。公司可以通过企业债、中小企业私募债、公开发行公司债、非公开发行公司债、可转债等债券工具进行融资。其中，企业债券发行主体多为信用等级较高的大型企业、国有企业等，中小企业通常不符合发行主体要求；公开发行公司债、可转债则门槛较高，使大多数处于成长初期的中小企业望而却步。同时，对于少数中小企业可以企及的债券融资方式，依然存在市场可接受的风险与中小企业特征不匹配的问题。中小企业大多数主体信用资质较低，财务规范性不足，抗风险能力弱等问题，导致债券必须提供更高的利率作为投资者的风险补偿，投资者认购债券时也会优先考虑自身资产的安全情况，选择相对风险较低的债券。债券投资者的风险偏好普遍较为保守，其投资特征无法有效匹配中小企业高风险高不稳定性特征，这也导致了中小企业在债券市场获取融资的难、贵问题。

在股权融资方面，中小企业股权市场规模尚不满足融资需求量。全国中小企业股份转让系统自 2013 年运营以来经历多次改革，为大量中小企业提供股票融资交易平台，帮助中小企业解决融资需求。在北交所成立前的新三板，企业主要通过定向增发的方式获得资金，另外，股权质押也是中小企业从银行、信托等金融机构获得资金的重要方式。然而，中小企业通过证券市场获取到的融资金额与它们在市场中的庞大体量无法匹配。根据国家统计局的数据，截至 2018 年底，我国中小企业共 263.1 万家，借助证券市场力量融资的中小企业只占约 0.4%。

三、北交所新规如何改善中小企业金融环境

（一）北交所新规如何影响企业

北交所新规将引导企业完善内部治理。与科创板、创业板相比，北交所发布的规则中，大多数新增内容都与公司治理及规范募集资金相关。

2021 年 12 月 4 日，中国证监会副主席王建军在国际金融论坛第十八届全球年会上表示，应全面、客观看待上市公司独立董事制度，中国证监会高度重视市场各方完善独立董事制度的意见建议。证监会发布的《北交所上市公司持续监管办法（试行）》，第五条指出“上市公司应当设立独立董事”，第六条

指出“鼓励上市公司根据需要设立审计、战略、提名、薪酬与考核等专门委员会，专门委员会对董事会负责，依照公司章程和董事会授权履行职责”。相对而言，科创板、创业板上述相关规定体现在交易所发布的上市规则层面，并未出现在证监会部门规章中，而北交所以证监会部门规章形式予以规定，表明证监会及北交所对独立董事制度、公司内部治理的重视。

北交所2021年10月30日发布的《北京证券交易所股票上市规则（试行）》（以下简称《北交所上市规则》）新增大量章节规范指导上市公司募集资金管理及公司内部治理，强调上市公司责任义务。从内容上，《北交所上市规则》指导募集资金的储存、使用、监管、追责和披露方式，有意加强对股东大会、董事会、监事会的职能划分，规范约束各自权利，并对合法权益的行使作出细致规定。其中第2~21条、第22~29条、第30~36条分别规定股东及股东大会、董事及董事会、监事及监事会的具体职能、责任及权益，规定“三会”发起及召开的频率、事宜、流程、表决权、选举等细节内容，体现公司内部相互约束、相互监督、共同受益的治理机制，压实各方职责，监事的监督权变得更加独立，中小股东的地位也得到有效提升，合法权益得到进一步保护。

在第二节，规则对董事、监事、经理、董秘等公司运营重要主体的关系、职能、责任进行规定，为中小企业上市公司的内部治理结构提供清晰蓝本，体现制度的精准性，切实指导中小企业改善内部治理能力，从而强化其运营水平与金融实践能力。

北交所新规将引导中小企业创新发展。北交所主要通过两种方式支持中小企业创新发展，一是对创新型中小企业设置较低的上市财务标准，二是通过培育一批“专精特新”中小企业，激发中小企业创新创业热情。

北交所设立后，维持新三板基础层、创新层与北京证券交易所“层层递进”的市场结构。从基础层的挂牌市值及财务条件①和基础层进入创新层的市值及财务条件②看，新三板充分尊重中小企业的发展规律，包容中小企业初期创新难点，将审核重心放在公司持续运营能力上。从创新层到北交所上市的市值及财务条件看，北交所设置多套上市标准，引导鼓励更多中小企业创新发展。北交所上市市值及财务条件规则③如下：

① 具体规则请查阅《全国中小企业股份转让系统股票挂牌条件适用基本标准指引》二.（三）.2。
② 具体规则请查阅《全国中小企业股份转让系统分层管理办法》第十一条。
③ 具体规则请查阅《北京证券交易所股票上市规则（试行）》2.1.3。

发行人申请公开发行并上市，市值及财务指标应当至少符合下列标准中的一项：

（一）预计市值不低于2亿元，最近两年净利润均不低于1500万元且加权平均净资产收益率平均不低于8%，或者最近一年净利润不低于2500万元且加权平均净资产收益率不低于8%；

（二）预计市值不低于4亿元，最近两年营业收入平均不低于1亿元，且最近一年营业收入增长率不低于30%，最近一年经营活动产生的现金流量净额为正；

（三）预计市值不低于8亿元，最近一年营业收入不低于2亿元，最近两年研发投入合计占最近两年营业收入合计比例不低于8%；

（四）预计市值不低于15亿元，最近两年研发投入合计不低于5000万元。

从规则中的（三）、（四）可看出北交所对创新型中小企业的精准包容。对比科创板，其对研发类指标的要求为"预计市值不低于人民币15亿元，最近一年营业收入不低于人民币2亿元，最近三年累计研发投入占累计营业收入的比例不低于15%"①；另外，创业板市值及财务条件未涉及研发类财务指标②。由此可知，北交所从累计研发投入占比及研发投入绝对规模两个维度评价中小企业创新能力，切实为具备创新潜力的中小企业提供直接融资便利。

另外，《北交所上市规则》第1.4条对北交所的使命作出描述：本所充分发挥对全国中小企业股份转让系统（以下简称全国股转系统）的示范引领作用，深入贯彻创新驱动发展战略，聚焦实体经济，主要服务创新型中小企业，重点支持先进制造业和现代服务业等领域的企业，推动传统产业转型升级，培育经济发展新动能，促进经济高质量发展。

2021年11月15日北交所正式揭牌开市，首批81家上市公司，有17家为工业和信息化部评选的专精特新"小巨人"企业。从行业分布看，数量最多的行业为制造业、信息传输、软件和信息技术服务业、生物医药，多为创新特征突出的行业，符合北交所服务创新型中小企业的市场定位。

北交所丰富了企业融资工具，制度安排更为灵活。在融资品种上，北交所

---

① 具体规则请查阅《上海证券交易所科创5板股票上市规则（2020年12月修订）》2.1.2。

② 具体规则请查阅《深圳证券交易所创业板股票上市规则》（2020年12月修订）》2.1.2。

形成普通股、优先股、可转债等较为丰富的权益融资工具。在发行方式上，实行向不特定合格投资者公开发行、向特定对象发行等多元的融资方式，引入授权发行、储架发行、自办发行等灵活的发行机制。2021 年 10 月 30 日，北交所发布《特定对象优先股细则》[①]《特定对象可转债细则》[②]，规定了发行、转让、转股、赎回、信息披露等流程。在《再融资办法》[③] 中，除授权发行以外，引入储架发行，即一次注册，分期发行；引入自办发行，即特定条件下发行无须提供保荐文件及法律意见书。

北交所的融资工具及再融资制度安排，契合中小企业“短、小、频、急”融资特点，适应不同阶段的中小企业。储架发行给予上市公司自主选择融资时点的机会，企业可根据自身经营情况灵活融资。自办发行制度沿用了以往新三板的宝贵经验，其流程创新极大地帮助中小企业降低了再融资成本。

（二）北交所新规下基础制度的特点

无论是纵向对比基础层、创新层，还是横向对比科创板、创业板，北交所发布的多项基础制度都体现针对性、精准性和包容性特点，尊重中小企业发展规律。

上市准入方面，将《北交所上市规则》中第 2.1.3 条上市市值及财务条件与科创板、创业板规则横向对比，北交所单独对上市公司加权平均净资产收益率、营业收入增长率作出要求，符合中小企业高成长性的规律。对预计市值、累计净利润、营业收入、研发投入占比的要求都远远小于科创板、创业板，并且允许未盈利企业上市，主要突出“专精特新”中小企业特点，发行条件更为多元、灵活。

首发与再融资方面，《北京证券交易所向不特定合格投资者公开发行股票并上市审核规则（试行）》第四十三条规定，招股说明书的有效期为六个月，特别情况下发行人可以申请适当延长，延长至多不超过三个月，放宽招股说明书财务有效期的时长，进而降低企业发行审核的难度。同时，《北京证券交易所上市公司证券发行上市审核规则（试行）》（以下简称《再融资规则》）第二十条规定，北交所在接到发行上市文件的 5 个工作日内作出是否受理决定，并给予上市公司材料补交的机会；第二十六条要求收到审核问询的负

---

① 文件全称为《北京证券交易所上市公司向特定对象发行优先股业务细则》。
② 文件全称为《北京证券交易所上市公司向特定对象发行可转换公司债券业务细则》。
③ 文件全称为《北京证券交易所上市公司证券发行注册管理办法（试行）》。

责单位需在20个工作日内提交回复文件，难以在规定时间内回复的，可最长延期20个工作日；第三十五条规定，对存在尚待核实问题的上市公司，上市委员会无法形成审议意见的，可以对发行上市申请暂缓审议，暂缓审议时间不超2个月。在科创板、创业板的规则中并没有规定如此详细的时间期限，此方面规则的改进体现北交所制度设计针对中小企业的融资特点，为中小企业提供可靠的时间预期体现其精准性，同时多项延期申请许可体现对中小企业的包容性。

募集资金管理方面，北交所作出适度弹性安排，体现中小企业特色，促进发行人规范透明、灵活自主安排资金使用。发行人募集资金使用应当用于主营业务及相关业务领域，暂时闲置的募集资金可以进行现金管理，投资于安全性高、流动性好、可以保障投资本金安全的理财产品。除金融类企业外，募集资金不得用于持有交易性金融资产、其他权益工具投资、其他债权投资或借予他人、委托理财等财务性投资等“负面清单”。暂时闲置的募集资金可以用于补充流动资金，但仅限于与主营业务相关的生产经营，不得通过直接或间接安排用于新股配售、申购，或用于股票及其衍生品种、可转换公司债券等的交易。

股票交易方面，横向对比科创板、创业板，北交所上市首日不设置涨跌幅限制，而科创板、创业板前五个交易日不设立涨跌幅限制；北交所的盘中涨跌幅限制为30%，而科创板、创业板仅有20%。纵向对比，基础层和创新层集中竞价交易跌幅为50%、涨幅100%，做市商交易相对买卖价差不得超过5%或两个最小价格变动单位。同时，营业部及交易单元的公示条件也发生相应改变①。设置较为宽松的涨跌幅限制，保证投资者充分博弈，包容创新型中小企业股票价格波动较大的特征。

股权变动方面，第2.4.6条对未盈利企业减持作出规定，公司实现盈利前，经过2个完整会计年度后重要人员可减持。对比《科创板上市规则》2.4.3条、《创业板上市规则》2.3.5条，其公司实现盈利前，3个完整会计年度不得减持。减持时限的缩短有助于吸引更多中小企业到北交所上市。

股权激励方面，《北京证券交易所上市公司持续监管办法（试行）》第二十四条规定，北交所上市公司在有效期内的股权激励计划股票总数累计不得超过公司股本总额的百分之三十，而科创板和创业板均为百分之二十②。加大股

① 具体规则查询《北京证券交易所交易规则（试行）》5.4.1。

② 具体规则分别查询《科创板上市公司持续监管办法（试行）》第二十五条、《创业板上市公司持续监管办法（试行）》第二十九条。

权激励额度有助于帮助中小企业维持人才团队稳定，体现制度的针对性。

转板方面，在“处理好‘两个关系’”原则中，北交所须与沪深交易所、区域性股权市场坚持错位发展与互联互通，发挥好转板上市功能。2020年6月3日，证监会发布《关于全国中小企业股份转让系统挂牌公司转板上市的指导意见》，2021年2月26日，上海证券交易所及深圳证券交易所先后发布《全国中小企业股份转让系统挂牌公司向上海证券交易所科创板转板上市办法（试行）》（以下简称《科创板转板办法》）、《深圳证券交易所关于全国中小企业股份转让系统挂牌公司向创业板转板上市办法（试行）》（以下简称《创业板转板办法》），标志着转板制度的正式落地。

2021年10月30日，证监会公布《中国证监会关于北京证券交易所上市公司转板的指导意见》（征求意见稿），对北交所转板制度设计作出统筹规划，对转板条件、转板程序等作出详细规定。指导意见明确指出，北交所转板制度将先经历试点阶段，申请转板的上市公司需在北交所连续上市满一年且符合转入板块上市条件。转板程序包括：公司内部决议—转板申请—转入板块审核复议—北交所终止上市—转入板块上市交易。

（三）北交所新规将净化市场环境

北交所新规不仅旨在提升市场功能，更在加强违法行为监管、信息披露、限制投机套现等方面作出规定，切实保护投资者及上市公司利益。

严惩违法行为层面，北交所通过限制上市加强对历史违法行为惩罚。《北交所上市规则》第2.1.4条规定多种因公司主要相关主体存在历史违法、涉嫌犯罪、失信等记录而不得上市的情况；第2.4.8条规定控股股东、大股东、实际控制人因多种违法、违规行为不得减持股票的情况；第2.4.9规定董事、监事、高管因多种违法、违规行为不得减持股票的情况。以上均为科创板、创业板上市规则未有的新增细则内容，体现北交所规则对违法行为的惩罚力度。

加强信息披露方面，北交所不仅增加信息披露的范围，更加明确信息披露的责任主体。中国证监会在《北京证券交易所上市公司持续监管办法（试行）》第二十条，对公司关键角色通过集中竞价减持的信息披露工作作出要求和指示；《北交所上市规则》第五章对信息披露作出一般性规定；在第二章第三节募集资金管理中对上市公司资金管理及使用情况的信息披露作出规定，并强调独立董事与保荐机构的披露职责。

限制投机套现方面，由于北交所上市门槛相对较低，为杜绝投机分子利用上市规则的包容性进行投机性套利行为，北交所在《北交所上市规则》第四节股份变动管理中作出更详细的要求。第2.4.2条规定，上市前持有股份的股东及控股股东、实际控制人的规定明确控股股东及实际控制人的亲属①持股列入不得转让或委托范围内；第2.4.6条，规定上市时未实现盈利，在实现盈利前，控股股东、实际控制人、董高监自公司上市的2个完整会计年度内，不得减持。

优化退出制度方面，《北交所上市规则》第10.2.1条规定，交易类强制退市的考核周期缩短为60个交易日，对比科创板及创业板均为120个交易日。加速劣质公司出清速度将利于市场的健康发展。

（四）新规对于投资者的影响

由于北交所投资者主要为专业机构投资者和投资经验丰富的个人投资者，在2019年12月27日前，投资基础层和创新层的准入门槛为日均金融资产500万元人民币以上。随后2019年12月27日发布新的《全国中小企业股份转让系统投资者适当性管理办法》，规定基础层准入门槛为200万元，创新层为150万元，精选层为100万元。

直到2021年9月17日，全国中小企业股份转让系统发布《全国中小企业股份转让系统投资者适当性管理办法》，规定基础层投资者准入条件为申请权限开通前10个交易日日均资产高于200万元、创新层投资者准入条件为申请权限开通前10个交易日日均资产高于100万元。同时北交所发布的《北京证券交易所投资者适当性管理办法（试行）》规定其投资者应参与证券交易24个月以上，并在开通前20天日均资产不低于50万元。

四、结语

北京证券交易所成立发布的系列新规，将引导上市公司强化内部治理结构，市场制度逐步完善，信息披露越发透明，违规行为惩罚力度加大。市场环境与日俱新，吸引更多合格投资者入市，促进融资供需端平衡，与沪深交易所错位发展，多层次资本市场互联互通，整个市场的融资交易出现良性循环，释放经济活力。

---

① 规则中亲属，是指上市公司控股股东、实际控制人的配偶、子女及其配偶、父母及配偶的父母、兄弟姐妹及其配偶。

支持中小企业创新发展
高质量建设北京证券交易所

聂贤祝*

摘 要：中小企业创新发展对赋能我国经济高质量发展具有重要意义。本文从中小企业创新发展的现状、特征和融资需求出发，对北京证券交易所高质量服务创新型中小企业提出紧密对接创新型中小企业、提高培育辅导能力、降低投资者门槛等方面措施。文章结合当前我国支持中小企业创新发展政策实施情况，建议进一步完善财税、社保、金融、就业等惠企政策体系。

关键词：中小企业　创新发展　北京证券交易所　政策体系

党的十八大提出实施创新驱动发展战略，强调科技创新是提高社会生产力和综合国力的战略支撑，必须摆在国家发展全局的核心位置。2021 年 7 月 30 日中央政治局会议指出，要提高科技创新和产业链供应链韧性，加强基础研究，推动应用创新，开展补链强链专项行动，加快解决“卡脖子”难题，发展专精特新中小企业。中小企业创新发展是实施创新驱动发展战略、支持经济高质量发展中的重要一环。

一、中小企业创新发展的基本情况

中小企业是国民经济和社会发展的主力军，在促进增长、保障就业、活跃市场、改善民生等方面发挥着重要作用。同时，中小企业是构建新发展格局和实现共同富裕的重要力量。当前，我国市场主体超 1.5 亿户，企业总量近 5000

* 聂贤祝，中国中小企业协会副秘书长。

万户，其中99%是中小企业。2012年，《国务院关于进一步支持小型微型企业健康发展的意见》首次提出“专精特新”概念。2013年工信部发布《关于促进中小企业“专精特新”发展的指导意见》，明确提出加强对“专精特新”中小企业培育和支持。

（一）“十三五”期间我国中小企业创新发展成就

“十三五”时期，国家多次优化调整研发费用加计扣除等鼓励创新政策，2016—2019年享受研发费用加计扣除政策的企业累计达84.3万户次，累计申报研发投入5.2万亿元，共计减免企业所得税8730余亿元，有效支持科技创新发展。随着“数字中国”建设加快，中小企业数字化升级转型步伐不断加速。小微企业“两化”融合水平从2015年的36.4提高到2019年的43.7。“十三五”期间，我国高新技术企业数量年增速均在25%以上，科技部数据显示，2020年全国高新技术企业总量近30万家。同时，全国已培育专精特新“小巨人”企业超4700家、省级“专精特新”中小企业超4万家；培育国家小微企业创业创新示范基地340余家、国家中小企业公共服务示范平台近600家，带动各地培育省级示范基地2500多家、示范平台3300多家。

目前，工信部正在编制《“十四五”促进中小企业发展规划》，研究制定《创新型中小企业评价与培育办法》，建立创新型中小企业、“专精特新”中小企业、专精特新“小巨人”企业、制造业单项冠军企业、产业领航企业的优质企业梯度培育体系。“十四五”期间，将重点培育1000家单项冠军企业，1万家专精特新“小巨人”企业，10万家省级“专精特新”中小企业和100万家创新型中小企业。中小企业创新发展将迎来重要发展机遇。

（二）中小企业创新发展特征

1. 大型企业创新投入比较稳定，小微企业波动较大

创新活动是一项长期投资，需要保持连续性，任何中断都可能造成研发人员流失和企业损失。从表1可以看出，大中型企业创新投入比较稳定，创新费用和研发费用均稳步增长。相比之下，小微企业更易受市场景气等因素影响，波动较大，尤其是微型企业。

表1　四种类型企业创新费用支出及研发经费内部支出　　单位：亿元

年份	创新费用支出				研发经费内部支出			
	微型企业	小型企业	中型企业	大型企业	微型企业	小型企业	中型企业	大型企业
2016	84.3	3665	3737.3	9992.6	39.6	2615.6	2570.6	5718.9
2017	58.4	4233.1	4158.9	10695.6	32.9	3003.9	2804.4	6171.8
2018	666.5	4195.9	4345.6	11653.6	477.4	2935.4	2949.7	6593.3
2019	198.3	5495.2	4789.6	12701.3	106.6	3867.6	3259.1	6737.9

资料来源：《中国科技统计年鉴》，2017年开始有“企业创新活动”这一栏目。

2. 中小企业创新实现率低于大型企业

由于中小企业规模较小，创新研发投入波动大，技术和人才水平有限，创新实现的比例低于大型企业，创新失败率高于大型企业。表2显示，2016—2019年，平均每年开展创新活动的微型企业数量为10904.25家，实现创新成果的微型企业为8575.5家，创新实现率为78.64%。对应小型企业、中型企业和大型企业的创新实现率为82.81%、86.22%和88.96%。数据表明，企业规模越大，创新实现率越高。

表2　四种类型企业创新活动结果比较　　单位：家

年份	开展产品或工艺创新活动企业数				实现产品或工艺创新企业数			
	微型企业	小型企业	中型企业	大型企业	微型企业	小型企业	中型企业	大型企业
2016	5293	128886	45512	12524	4356	105671	38706	11025
2017	6066	135813	46387	12873	5040	113040	39721	11352
2018	21495	134061	44915	12887	16885	115203	39421	11603
2019	10763	179166	47967	13536	8021	144660	41475	12119
均值	10904.25	144481.5	46195.25	12955	8575.5	119643.5	39830.75	11524.75

资料来源：《中国科技统计年鉴》。

3. 不同发展阶段中小企业创新融资需求特征

企业创新需要大量资金投入。中小企业一般不具有雄厚的自有资金储备，因此，创新活动对外部资金的依赖性较强。学术研究和企业实践均已证实，中小企业创新发展的融资需求随着生命周期不同而变化。中小企业技术创新活动的阶段性特征和资金需求可以归纳为表3。

表3　小企业技术产品创新的生命周期阶段性特征与融资特征

生命周期阶段		技术创新特点	风险性	融资需求	主要资金来源
创业期	创意期	侧重于构思与讨论，较少行动	较低	基本无外部融资需求	自有资金
创业期	孵化期	对创意技术产品做研发甄选试制，尝试产业化，有大量研发投入	很高，存在较大的研制失败风险	有较大的研发投入和资金需求。但没有销售收入和自生性资金来源，依赖外部融资。因缺少可抵押物以及无稳定现金流，以及存在试制失败的可能，外部融资主要依赖权益性投资	自有资金、权益资金（种子投资和风险投资基金）、政府扶持资金
成长期		产品投入市场，有大量设备、原材料采购投入和员工工资支出	较高，存在较大的市场营销风险、技术竞争风险和经营管理风险	有较大的投资支出和日常营运支出。企业形成销售收入和利润，具备较多无形资产和有形资产，具备债务融资能力	权益资金、信贷资金、政府扶持基金
成熟期		产品性能稳定，具有市场地位，收入支出稳定，有稳定的现金流	较低，企业处于稳定发展期	资金需求基本稳定，具有很好的外部融资能力，包括债务融资和权益融资能力	信贷资金、权益资金
衰退期		产品需求减少，产出减少，收入萎缩	较高	经营性现金流减少，但现金储备充裕，投资需求下降，外部融资需求下降	—

资料来源：《中国中小企业2021蓝皮书》。

（三）美日德支持中小企业创新发展实践经验

1982年，美国最大的研发类项目计划——小企业创新研究计划（SBIR）被国会批准实施。自SBIR实施以来，已支持近2万家小企业，支持研究经费达200多亿美元，被支持企业累计申请专利项目5万余件。此外，美国开展的另一项计划——联邦与州联合计划（FAST），是一个竞争性捐款计划，用于支持小企业创新技术的联合性研发及技术商业化，从而推动美国前沿科技创新发展。日本自1999年起，参照美国小企业创新研究计划，针对员工少于500人的中小企业，开始实行日本小企业创新研究计划，有别于常规政策，该计划不再将中小企业看作单纯的保护对象，而是关注技术创新作用的发挥。德国联邦政府实施高科技战略，整合优化现有中小企业创新促进项目，推出全新的创新促进计划。其中最重要的有两项，分别是中小企业创新集中计划和中小企业创新计划，中小企业创新集中计划于2008年7月开始实施，在2015年1月发布的最新实施方案中，将受资助中小企业的雇员人数提高至499人，资助金额提高至38万欧元。

（四）创新型中小企业需要资本市场服务支持

长期以来，融资难题是制约中小企业创新发展的重要因素。中小企业融资难题可以分解为融资难、融资贵、融资慢。融资难主要是因为中小企业普遍缺少抵押物，信用信息采集难，金融机构难以有效识别企业。融资贵主要是因为中介服务费用等抬高融资成本。融资慢主要是因为金融机构审核慢、放款慢。中国银保监会数据显示，我国银行贷款覆盖面大约在2600万家企业，约占企业总量的50%。

从创新型中小企业发展规律看，中小企业发展技术路线尚未定型，盈利模式尚未稳定，尤其需要资本支持，资本市场在这方面可以发挥重要作用，这是国际市场的成熟经验。发展多层次资本市场是支持我国中小企业创新发展的重要途径。党的十九届五中全会明确提出，“十四五”期间要提高直接融资比重。我国资本市场从无到有，从小到大，已经取得历史性成就。但客观讲，对中小企业覆盖面还不够广。资本市场进一步增强适应性、包容性，提高对中小企业服务能力，是一个亟须补齐的短板。

二、关于北京证券交易所高质量服务创新型中小企业的几点建议

2021年9月2日，习近平主席在中国国际服务贸易交易会全球服务贸易峰会致辞中宣布，继续支持中小企业创新发展，深化新三板改革，设立北京证券交易所，打造服务创新型中小企业主阵地。2021年11月15日，北京证券交易所正式揭牌开市。设立北京证券交易所，是党中央、国务院立足构建新发展格局、推动高质量发展作出的重大决策部署，是实施国家创新驱动发展战略、持

续培育发展新动能的重要举措，也是深化金融供给侧结构性改革、完善多层次资本市场体系的重要内容，对于更好发挥资本市场功能作用、促进科技与资本融合、支持中小企业创新发展具有重要意义。

（一）充分认识北京证券交易所服务创新型中小企业的独特优势

新三板经过八年多发展，积累了丰富中小企业融资资源。自 2013 年正式运营以来，新三板已经累计服务 1.35 万家挂牌公司，其中中小企业占 94%以上。新三板于 2016 年启动分层管理机制，将市场分为基础层和创新层，2020 年增设精选层，初步实现对中小企业的精细化分层管理和梯队培育。数据显示，截至 2021 年 11 月末，创新层企业 1224 家，基础层企业 5749 家，总股本达 4592 亿股。新三板储备了大量优质中小企业资源，并在服务企业挂牌、融资过程中积累了宝贵经验。

北京证券交易所定位于与沪深交易所错位发展，是为创新型中小企业上市融资提供服务的重要平台。随着北京证券交易所成立，“创投基金和股权投资基金——区域性股权市场——新三板——北交所——沪深交易所”的多层次资本市场体系逐步健全，进一步畅通了中小企业创新发展的新成长路径。

（二）深入了解创新型中小企业融资需求

高质量建设北京证券交易所要突出市场特色，作出与其他交易所差异化安排，在保障市场融资交易功能外，必须立足于创新型中小企业特征，加强服务意识，提高服务能力，有效对接“更早、更小、更新”的创新型中小企业。

目前，我国专精特新“小巨人”企业有 4762 家，其中上市公司不到 400 家，未上市企业超过 4300 家。中国中小企业协会近期调查显示，专精特新“小巨人”未上市企业中，约有 40%的企业在 1~3 年内制订上市计划。随着北京证券交易所设立和服务创新型中小企业市场定位确立，有上市计划的专精特新“小巨人”企业将是北京证券交易所的重要服务对象。北京证券交易所应当建立强大的市场团队，紧密关注专精特新“小巨人”企业和其他创新型中小企业，了解企业需求，建立联系机制。中国中小企业协会近期调查显示，拟上市企业近三年对资本市场需求排名前三位的是获取融资，提高知名度、扩大行业影响力，为公司估值提供合理依据。拟上市企业最在意上市/挂牌成本排名前三位的是财务数据规范成本，税收、社保规范成本，信息披露成本。拟上市企业对中介机构需求排名前三位的是券商经纪人引入投资者，投行人员估值定价，做市商提供流动性报价。

（三）提高针对性培育辅导能力

新三板基础层、创新层和北京证券交易所层次递进的市场结构，是北京证券交易所的重要优势。北京证券交易所是“龙头”，发挥撬动和“反哺”作用，创新层、基础层是基础，承担规范培育功能，源源不断为北京证券交易所输送优质上市资源。

我们建议通过开设北京证券交易所上市政策和流程培训班加强服务职能。北京证券交易所开市不久，大多数创新型企业、中介机构，对上市条件、交易规则、审核流程以及相关费用等不尽了解。北京证券交易所定期开设培训班，为中介机构和企业负责人直接解读政策。为中小企业提供层次递进培育辅导方案。基础层和创新层中小企业发展壮大后在北京证券交易所上市是必然需求。北京证券交易所通过市场团队紧密对接中小企业后，应根据中小企业具体情况量体裁衣，一企一策，以中小企业在北京证券交易所上市为目的，提供培育方案。

（四）适当降低投资者准入门槛提高市场流动性

长期以来，对于个人投资者新三板的投资者适当性要求较高。目前北京证券交易所个人投资者准入门槛为50万元，与科创板持平，而创业板仅为10万元。目前基础层和创新层投资门槛仍然较高。后续应结合北交所开市运行情况，加强评估，适当降低投资者准入门槛，有利于吸引更多资金进入。

三、进一步完善支持中小企业创新发展的政策体系

当前，支持中小企业创新发展已经成为社会共识，但在政策体系上，尚有诸多需要完善之处。

一是财税政策。2018年政府工作报告提出，改革完善增值税制度，按照三档并两档方向调整税率水平。但如何推进落实，兼顾财政收支平衡和企业公平纳税，需要财税部门认真研究。另外，增值税留抵税款在一定程度上抵消减税的获得感。目前实行的是，当月销项小于进项，并不会立刻退税，而是记账，待销项进行对冲，相当于企业承担一笔预交税款。留抵税款制度对于一些需要购买大量设备、厂房等前期投资，回收周期较长的企业来讲，会造成较大负担。

二是社保政策。自2020年11月起，社保入税征收已经在各省市全面施行。根据目前规定，企业需要以实际工资作为基数缴纳社保，对于一些尚未按照实

际基数缴纳社保的企业，社保成本将大幅上升。建议尽快研究中小企业缴纳社保可选弹性基数政策，进一步减轻中小企业负担，尤其是对于初创期和亏损期的中小企业非常重要。

三是金融政策。大部分创新型中小企业缺少抵押物，大力发展动产融资是符合中小企业发展特征的融资方式。在巩固和扩大现有应收账款融资成果基础上，拓展仓单、存货等抵押融资产品是下一阶段突破方向。同时，大力发展金融科技是精准识别有效企业、降低中介成本、提高服务效率的重要手段。

四是就业政策。“招工难”“用工贵”已经成为一线、二线城市大部分企业又一重要难题，既有人工成本上升造成人才竞争激烈的原因，也有就业结构性矛盾造成“供需不匹配”的原因。大力支持灵活就业和灵活用工发展，是缓解“招工难”“用工贵”和就业结构性矛盾的重要措施，但目前在劳动法规和社保缴纳等制度上，还有不利于发展或者不明确的地方，需要深入开展专题研究。

制度探索

符合我国国情的长期资金入市主体与路径探讨

者 倩*

摘 要：当前资管新规过渡期即将结束，金融行业对外开放加速，引导长期资金进入资本市场对我国经济发展和金融稳定越来越重要。从主导长期资金投资主体维度看，进入资本市场的长期资金可来源于政府、企业、居民三类经济主体。本文结合挪威政府养老基金、新加坡淡马锡控股、中国香港地区强积金制度等案例，解析不同类型长期资金特征及其进入资本市场路径，分析我国长期资金进入市场面临的机遇与挑战，提出推动国有企业股权等资本进行长期投资、建立国有资本长效投资驱动管理体系、加强投资者教育、加大金融产品供给、扩大企业年金和职业年金覆盖面等政策建议。

关键词：长期资金 主权基金 养老金

2021年末资管新规过渡期结束，银行理财资金对接的大量融资主体“借短投长”空间持续收窄。金融行业加速对外开放，国际资本对我国金融市场波动影响持续增强，引导长期资金进入资本市场对我国经济发展和金融稳定越来越重要。

一、为什么需要鼓励长期资金进入资本市场

（一）中短期推动长期资金进入资本市场日益重要

从金融服务实体经济角度看，随着我国经济结构转型进一步深化，长期资

* 者倩，红塔证券股份有限公司战略发展部战略规划主管。

金的权益性投资经济成分比重逐步提升。这主要有两方面原因：首先，随着重工业化进程接近尾声，资金密集型行业占比逐步降低，新兴产业投资效益更加需要靠人力资本和科技推动，投入产出所需时间相对更长；其次，随着我国技术水平与发达国家在前沿科技领域差距逐步缩小，资本投入回报可预测性降低，股权融资方式与高新技术投资匹配度更高。由于经济主体资金回报改变，其金融需求特征随之改变，必然需要金融服务也随之改变。

从金融安全角度看，长期资金进入资本市场有利于我国对外开放过程中保持金融稳定安全。亚洲发达经济体金融开放过程中均不同程度遭遇过资本市场剧烈波动，居民和国家（或地区）财富严重受损。缺乏长期资金作为资本市场稳定器是这些国家（或地区）财富受损的重要原因之一。

（二）从长周期角度推动“长期资金入市”是必然选择

从长时间维度看，推动长期资金进入资本市场，既可助力新兴产业发展，也可持续分享经济发展红利，是建设“发展依靠人民、发展为人民、发展成果为人民所享”共同富裕社会主义市场经济的重要手段。

二、长期资金不同类型及其进入资本市场路径

从主导长期资金投资主体维度看①，进入资本市场的长期资金可来源于政府、企业、居民三类经济主体。下文用案例分析方法解析不同类型长期资金特征及其进入资本市场的路径，以为我国长期资金入市提供有益借鉴。

（一）政府/国家层面主导的长期资金

来源于政府的长期资金，包括主权财富基金、社会保障基金等。国家主权基金是这类长期资金的最主要组成部分，世界主要的主权基金的资金来源大体分为两类：一类来自国家出售自然资源（主要是石油）带来的收入或外汇储备盈余，主要代表有挪威政府养老基金（Government Pension Fund Global，GPFG）、阿布扎比投资局（Abu Dhabi Investment Authority）等中东产油国主权基金。另一类资金来源于出口积累的外汇储备，主要为亚洲国家。主权财富基金的投资目标通常是超长期的，不仅为当前的居民提供退休金领取等方面的支持，还要考虑为子孙后代提供保障。

① 此分类方法主要强调长期资金投资的主导者的不同，与世界银行的三支柱分类法不同。

案例：挪威政府养老基金（GPFG）

1969 年挪威在其海域勘探到世界上最大的海上油田之一。油田主要由挪威国有石油公司来进行运营，前二十年石油公司的收入主要用于石油相关产业投资和国家基础设施建设，在 1990 年挪威议会通过法案决定应当谨慎使用石油带来的收入以避免经济失衡，并且将其收入投入成立国家养老基金。石油收入开始存入基金进行投资运作。GPFG 的使命是"负责任地使用资金并长远考虑以保障挪威未来的经济"①。随着基金持续投资，截至 2021 年 3 月末基金规模达 1.17 万亿美元，其中投资回报为 7417 亿美元，远超累计投入的 2886 亿美元（见图 1）。

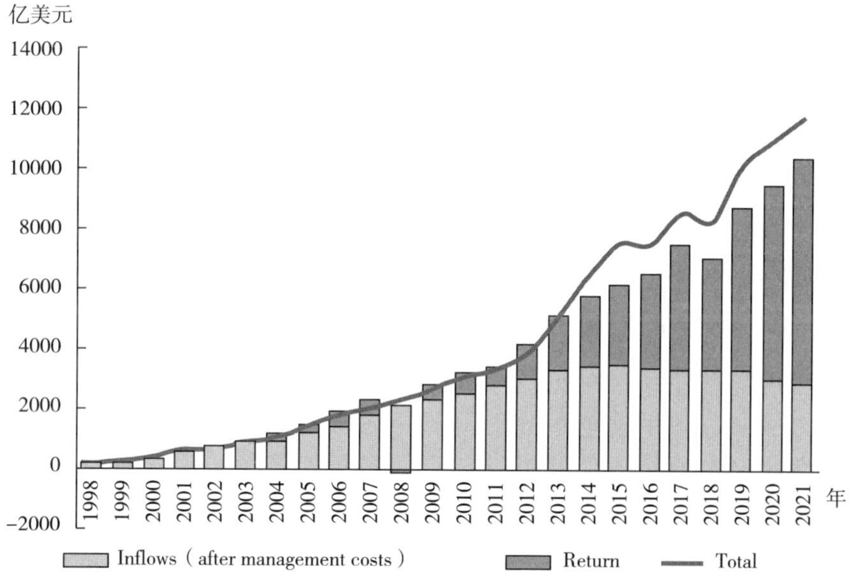

图 1　挪威政府养老基金市值及其构成

（资料来源：挪威政府养老基金官网）

由于资金使用目的的长期性和资金来源的稳定性，GPFG 逐步将权益资产配置比重从 40%左右提升到 60%以上，截至 2021 年 3 月 31 日，权益资产配置比例为 72.4%。较高的权益资产配置比例使基金长期年化回报达到较高水平，截至 2021 年 3 月 31 日，基金长期年化回报为 6.56%（见图 2）。

---

① 参见 Norway's Government Pension Fund Global 官网。

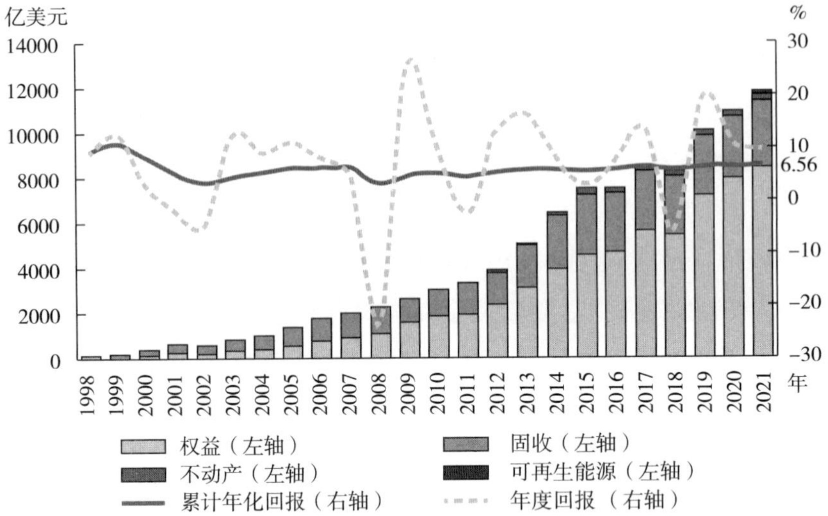

图 2　挪威政府养老金资产配置及收益率

（资料来源：挪威政府养老基金官网）

GPFG 主要投资于本土以外的市场，这与其自身经济体量相对较小和本土市场有关。作为全球资金量最大的主权财富基金，GPFG 以其商业化、透明化运作而闻名，在其管理中也强调基金的“责任投资”。根据 GPFG 公布其所持股权、固定收益资产在对标市场的比重，截至 2021 年 3 月 31 日，基金持有的权益资产在全球市场的比重约为 1.36%（见图 3）；其所持债券资产在全球市场的比重约为 0.69%（见图 4），其中政府债券占比达到 0.65%，企业类债券占比为 0.82%。

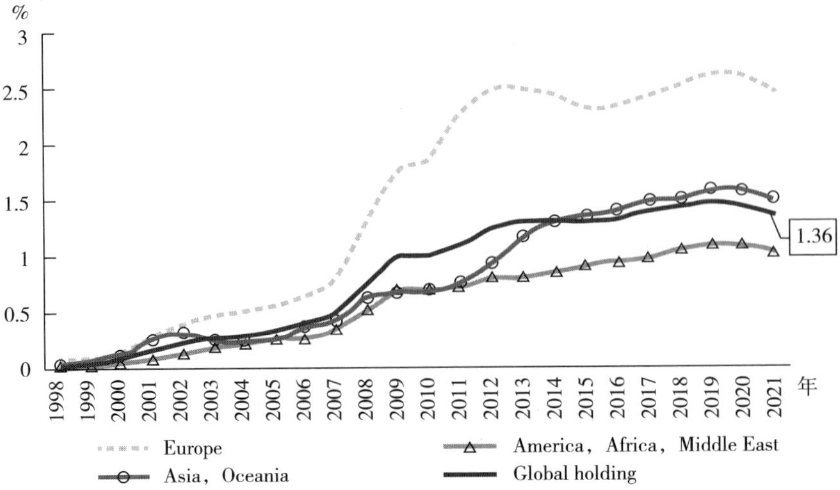

图 3　挪威政府养老基金权益投资在对标市场的占比

（资料来源：挪威政府养老基金官网）

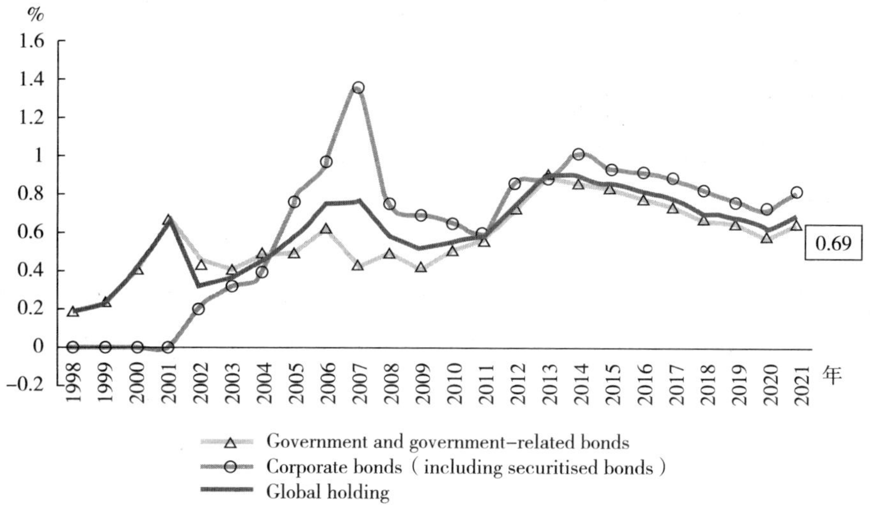

图 4　挪威政府养老基金债券投资在对标市场的占比

（资料来源：挪威政府养老基金官网）

2020 年新冠肺炎疫情肆虐全球，挪威是少数几个采取相对严厉隔离政策的欧洲国家之一，其中很重要的原因是挪威政府养老基金能在紧急状况下为财政提供必要的预算收入来源。从 2001 年开始，挪威政府财政预算的一部分取自 GPFG，平均为基金规模的 3%左右，但 2020 年提取规模达到基金的 4.1%①。

（二）企业主导的长期资金

企业层面主导的长期资金分为两类。一类是企业形式，其主要有两个特点：一是以企业所有者角度完成投资，可通过企业并购等资本运作方式完成长期投资；二是企业本身可以融入资金，可通过财务杠杆后扩大长期资金的收益。这类长期资金的代表为新加坡的淡马锡控股（Temasek Holdings）。由于中小企业性质，此类长期资金投资更强调"股东回报最大化"，而非单纯的投资收益。另一类是基金性质，在美国市场较为典型。基金又分为两种类型：一种较为追求收益率，如 20 世纪 80 年代美国很多企业成立 DB（Defined Benefit）计划，是企业向受雇员工承诺退休福利的基金，其资金期限长短与被保障员工平均年龄有关，基金所保障员工的年龄越大，越接近退休年龄，则基金支出压力越大，能配置的资产期限越短；另一种对收益率要求相对较小，如各类家族

① 参见孙瑜，彭维瀚．挪威政府全球养老基金的资产配置与中国投资［J］．声音，2020，154（19）。

基金等，此类基金将一部分投资于资本市场以求长期存续，将另一部分进行公益性质投资。

案例：新加坡淡马锡控股

淡马锡控股成立于1974年，自身一直强调其企业性质，强调“商业原则持有和管理资产”。淡马锡遵循的投资管理原则：投资组合公司由各自的董事会和管理层指导和管理，淡马锡不参与其业务决策与运营。同样地，淡马锡的投资、脱售及其他商业决策由自身董事会和管理层执行。新加坡总统或我们的股东新加坡政府均不参与淡马锡的商业决策。[①] 其管理模式更接近我们对国有企业“管资本”的理念。淡马锡控股愿景是“致力于为世代民众创造可持续的回报，并遵守淡马锡宪章的指引”，使命是“为当今和未来世代建立投资组合”[②]。可见其超长的投资期限。

淡马锡控股作为企业集团控股持有3家新加坡重要的大型公司，投资组合以非上市资产和流动性资产或者持股比例小于20%的资产为主（见图5至图7）。在淡马锡的投资组合中，一部分是与其他国家成立合资公司所得股权价值，一些上市股权在上市前已经介入。可以看出，进入资本市场的途径与挪威主权养老基金存在差异，更接近一级市场。

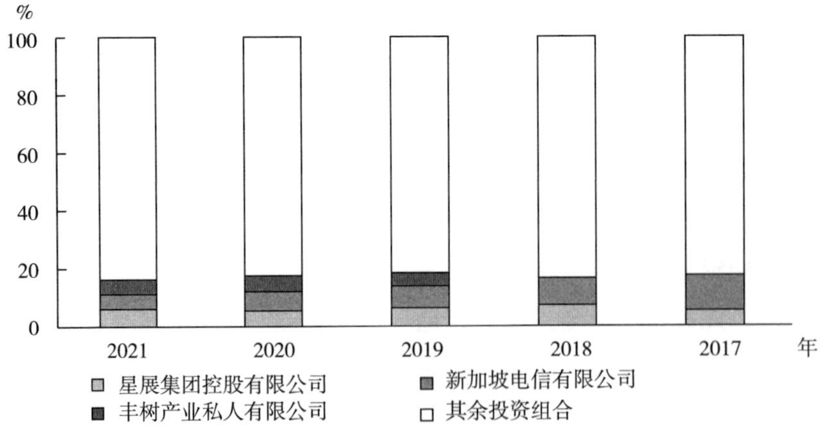

图5　淡马锡控股大型单一投资占比较少

（资料来源：淡马锡2021年报）

① 参见淡马锡控股宪章，淡马锡控股官网。

② 参见淡马锡控股官网。

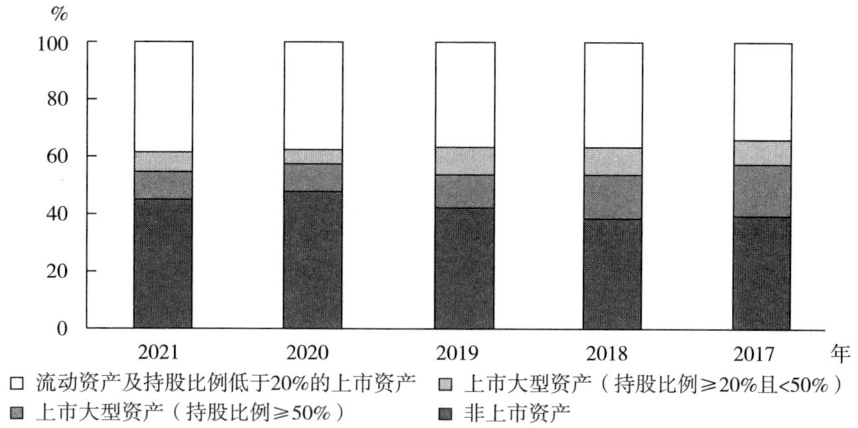

图 6　淡马锡控股投资组合流动性

（资料来源：淡马锡 2021 年报）

淡马锡作为企业集团不仅有资产投资，还融入负债，其债务来源是根据全球市场分布的。债务融入在一定程度上增厚股东权益回报率。自 1974 年成立以来，淡马锡控股以新加坡元计的年化回报率达到 14%（见图 8）。

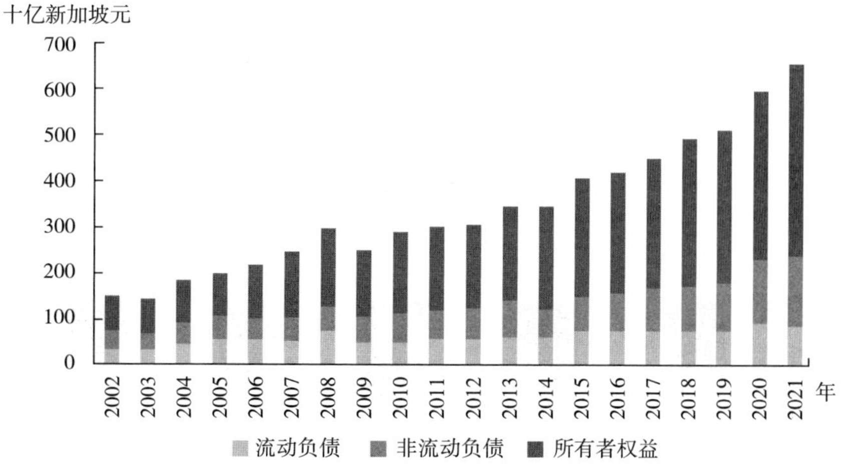

图 7　淡马锡控股投资组合流动性

（资料来源：淡马锡 2021 年报）

从资产配置看，淡马锡控股的投资立足于新加坡并逐步转向全球资产；新加坡本身作为亚洲的离岸金融中心之一，汇聚亚洲诸多国家的金融资产，因此，淡马锡控股以新加坡元计的投资占比处于 50%以上（见图 9），远高于按区域分类在新加坡投资的占比 24%（见图 10）。

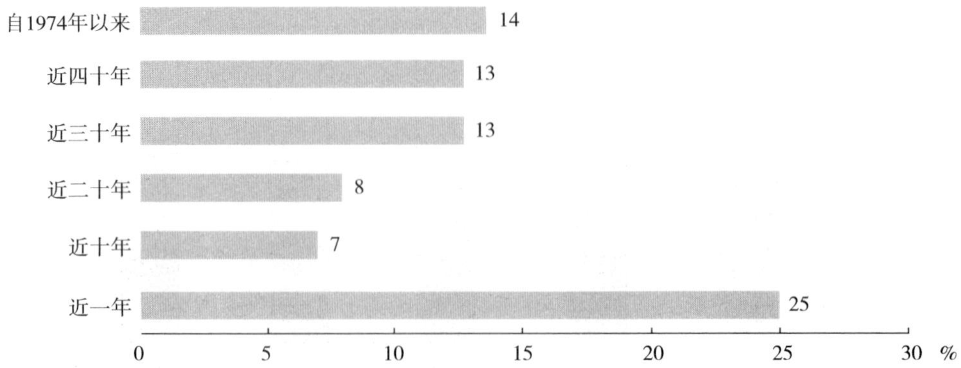

图 8　淡马锡控股股东总回报率

（资料来源：淡马锡 2021 年报）

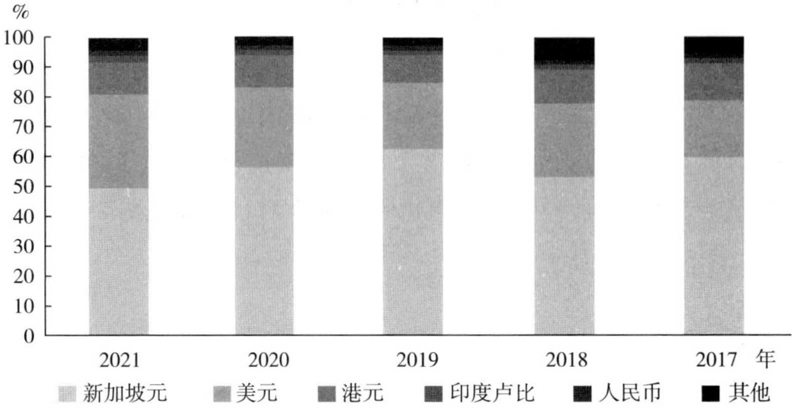

图 9　淡马锡控股投资组合按照币种分类

（资料来源：淡马锡 2021 年报）

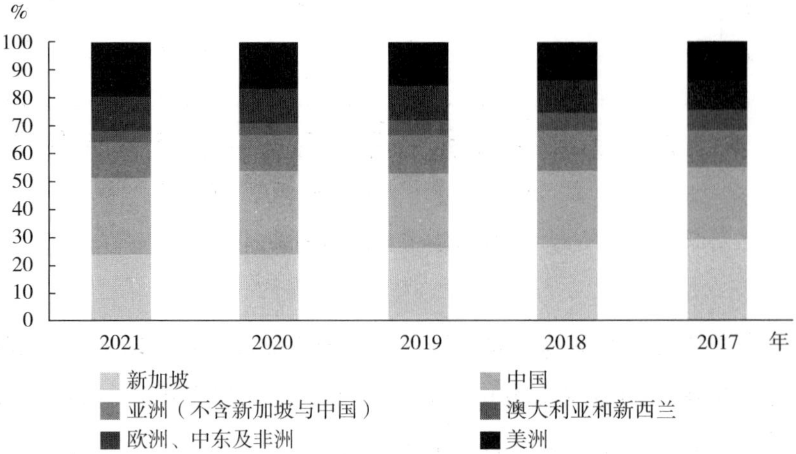

图 10　淡马锡控股投资组合按照区域分类

（资料来源：淡马锡 2021 年报）

（三）居民的长期资金

居民层面的长期资金，除自发性储蓄投资，主要是与政府强制性储蓄投资有关的免税养老计划。如美国401K计划、中国香港强积金以及部分新加坡中央公积金，这三类计划是雇主和雇员共同缴费、实行完全积累制度，基金积累的财富为居民所有且可继承。由于规定退休前不能提前支取，此类资金性质为超长期限，缴费人群平均年龄越小，距离退休时间越长；资金可投资期限越久、风险容忍度越高，能够进入权益市场的比重越高。

上述3个计划的长期资金进入资本市场路径略有所不同。美国401K计划主要由雇主提供可选投资组合给雇员选择；中国香港地区强积金由香港强积金中心（MPFhK）提供可选投资组合，账户所有者自己根据风险偏好等选择，强积金中心还提供预设投资策略选择；新加坡中央公积金中部分被规定可用于投资股票或购买其所认可的机构年金保险产品等。美国的401K计划中雇主对投资计划的选择影响更大，中国香港强积金计划和新加坡的中央公积金计划中政府机构的主导影响更大。

这些长期资金对本国（地区）资本市场的影响也不尽相同：美国的401K计划被认为是推动美国1980—2000年股票市场进入低波动稳定向上增长的重要力量；新加坡和中国香港地区作为亚洲的金融自由港吸引优质资产融资交易，居民长期资金进入资本市场实际上能分享到亚太地区，甚至全球经济增长红利。

案例：中国香港地区强制性公积金制度

中国香港地区从1995年开始对强制性公积金（以下简称强积金）制度进行立法，到2000年正式实施。18~65岁的受雇人士和雇主分别提供受雇人士收入5%进行法定税前列支，自雇者也可参与计划，自愿多缴纳也可税前列支但不能超过免税额度上限，该计划产生的累积资产只能在65岁退休后提取。这类制度容易调动个人长期储蓄投资的积极性，本质上属于世界银行分类中的第二支柱养老体系。

香港强制性公积金计划管理局（以下简称积金局）是根据《强积金条例》成立的法定机构，履行“专责归管及监督强积金及职业退休计划的运作职责”。积金局的职能包含“核准合资格人士担任注册计划的核准受托人，规管核准受托人的事务及活动，尽力确保受托人以审慎方式管理其负责的注册计划，规管销售及推销注册计划的活动及就注册计划提供意见的工作”等。

根据这些职能，积金局对资金管理人有筛选功能，并通过资产类别上限设定对长期资金在大类资产配置方面进行引导。按照积金局 2021 年第二季度公告最新核准的资产配置，股票市场整体的配置比例不高于 67%（见表 1）。参与强积金的雇员最终以自主选择购买基金的方式参与资本市场。按照积金局 2021 年第二季度公告最新核准的基金配置比例，股票基金整体不高于 57%，其中香港地区股票基金配置上限为 62%（见表 2）。从资产配置结果上看，整个香港强积金的资产约有 60%配置在股票市场，导致整体收益率呈现高波动的特征（见表 3）。

表 1　香港强积金局最新核准的资产配置比例　单位：%

	存款及现金	债务证券	股票	整体
中国香港	12.0	9.0	36.0	57.0
亚洲①	0	2.0	12.0	14.0
北美洲	0	5.0	12.0	18.0
欧洲	0	3.0	7.0	11.0
整体	13.0	20.0	67.0	100.0

资料来源：香港强积金局官网。

表 2　香港强积金局最新核准的基金配置比例　单位：%

	股票基金	混合基金	货币市场基金（强积金保守基金）	债券基金	货币市场基金 - 不包括强积金保守基金	整体
中国香港	62.0	37.0	100	78.0	71.0	57.0
亚洲	16.0	18.0	0.0	16.0	29.0	14.0
北美洲	15.0	26.0	0.0	23.0	0.5	18.0
欧洲	6.0	20.0	0.0	16.0	0.0	11.0

资料来源：香港强积金局官网。

表 3　香港强积金计划的基金分布及资产配置情况（截至 2019 年 9 月 30 日）

基金类别	净资产值		基金数目
	百万美元	占总资产	
股票基金	390796	40%	157（36%）
混合资产基金	353123	40%	188（43%）

① 指中国香港以外的亚洲市场。

续表

基金类别	净资产值		基金数目
	百万美元	占总资产	
债券基金	40051	40%	38（9%）
保证基金	74874	40%	19（4%）
货币市场基金（强积金保守基金）	106194	40%	30（7%）
货币市场基金（不包括强积金保守基金）	4416	0.5%	9（2%）
总计	969455	100%	441（100%）
资产类型	百万美元	占总资产	
股票资产	610757	63%	
债务证券	222975	23%	
存款及现金	145418	15%	

资料来源：《强积金制度 2019 年投资表现》。

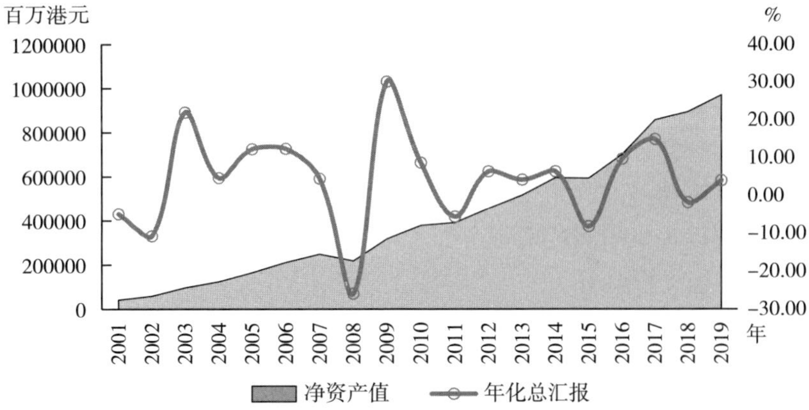

图 11　香港强积金的资产总净值及年度收益率

（资料来源：《强积金制度 2019 年投资表现》、香港强积金局官网）①

强积金自成立以来的收益率未达到挪威政府养老基金的水平，仅为 4.1%（见图 12）。对于长期资金，1%的收益率差异会对组合投资的净值产生巨大影响。参考香港精算师协会预测数据，假设投资收益率为 3.5%，强积金预计在 2040 年达到 3.67 万亿港元的规模，假设投资收益率为 4.5%，则强积金规模将

① 该数据中 2001 年的区间为 2000 年 12 月 1 日至 2002 年 3 月 31 日，2002—2018 年度均为香港地区会计年度区间，即以每年 3 月 31 日开始至次年 3 月 31 日末；2019 年数据截止日期为 2019 年 12 月 31 日。

达到 4.14 万亿港元。[1]

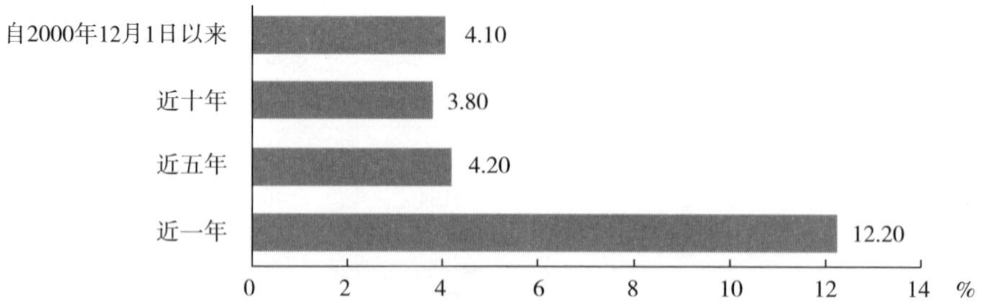

图 12　香港强积金累计年化收益率（截至 2019 年 12 月 31 日）

（资料来源：《强积金制度 2019 年投资表现》）

积金局在 2017 年推出“预设投资策略”为计划成员提供现成的投资方案。该计划分为核心累积基金（主要投资于全球股票市场）和 65 岁后基金（主要投资于全球债券市场）两部分，可根据年龄自动降低投资风险，随着账户所有者年龄逐步向 65 岁靠拢时可逐步降低核心累积基金比重。根据积金局公布的数据，约有 85 万以上的账户参与“预设投资策略”。这类策略为不熟悉资本市场的居民提供参与资本市场的便捷路径。从结果上看，“预设投资策略”下的资产收益率波动相对整体较小。

（四）总结及启示

1. 良好的治理机制和长期资产配置可使养老金类主权基金运行高效、收益良好并且减少争议与压力

挪威政府养老基金投资模式是在资产配置框架下被动投资比例较高的投资模式。在管理模式上，挪威政府养老金采用本土化、委托外部管理人模式，如在中国市场投资时委托高毅资产、淡水泉投资等外部管理人，并在上海设立分支机构。此管理模式至少有两个优点：一是充分利用当地资本市场优秀管理人经验，比直接对不熟悉的海外市场进行投资更加安全可靠，并更有可能获得超额回报。二是委托当地管理人能减少当地资本市场对于异国主权基金的“戒备心态”，减少投资阻力。当然，挪威本身作为一个人口 500 多万的小型发达经济体，对全球资本市场形成的冲击相对较小，是其争议较少的客观因素。

① 数据来自香港精算学会《MPF Market Size Projection 2020—2040》。

2. 国有企业在优秀的治理机制和长期价值驱动下可获得高额收益率

淡马锡控股本质是一个中央国有企业，类似于我国央企。自成立以来，为股东斩获14%的年均复合回报率，已接近优秀企业达到的长期ROE水平。公司治理机制和长期价值驱动都是促使其获取持续高收益的重要原因。淡马锡描述其治理架构“强调实质重于形式，长期利益胜于短期利益，并把机构置于个人之上。它构建问责制，在授权与守则之间取得动态的平衡。”①。新加坡财政部向淡马锡派驻董事，但董事会其他成员由众多专业人士构成。淡马锡对被投资企业也强调其优秀的治理机制，鼓励“建立由具备丰富商业经验的高水准、多元化人才所组成的董事会，以指导和支持高级管理层”。淡马锡控股董事会下设3个委员会，包括执行委员会、审计委员会、领袖培育与薪酬委员会。各委员会主席均由一名独立于管理层非执行董事担任，各委员会被授予特定权利。对设立的子公司强调商业化运营原则，积极参与市场竞争，不仅使投资效益更趋市场化，在全球投资中还可弱化被投资国对于他国“国有资本”背景的顾忌。

3. 居民层面长期资金进入资本市场存在难点

难点一：居民自主选择投资收益率不如长期机构投资者。中国香港强积金虽然资产配置比例与挪威政府养老基金类似，但收益率却远小于挪威政府养老基金，按照2021年最新数据，收益率差异达256BP。其中有两个重要原因：一是居民自行选择投资相对于机构投资缺乏专业性，容易出现羊群效应。“预设投资策略”模式在一定程度上解决该问题，但目前看参与率也不高。二是基金管理费率较高，强积金可购买的主动管理型股权基金费率高达2%。

难点二：投资者教育工作长期而繁重。中国香港强积金投资于股票的比例约为60%，但没出现投资者适当性相关问题，这不仅得益于积金局投资者教育工作，更与香港地区文化有关。金融行业为香港地区支柱产业，大量就业都与金融有关，居民整体对各类金融产品认知度高，同时作为金融自由港香港地区经历过多次资本市场动荡，居民对风险资产接受度更高。这样的市场环境显然与中国内地不同。

4. 国际化资金配置和建设国际化资本市场有利于本国（或地区）长期资金分享全球经济增长红利

挪威政府养老基金97%以上的部分投资于北欧以外的全球市场，新加坡淡

① 来自淡马锡官网。

马锡控股投资75%以上投资于国外，其中25%左右投资于中国。淡马锡控股高收益很大部分来自分享中国经济高速增长所得，目前也受益于印度和东南亚地区的经济增长。中国香港虽然本地缺乏高新技术产业和实业企业，但中国内地国有股份公司、高科技企业等纷纷赴港挂牌，为中国香港地区居民提供丰富可投资产。长期看，无论是科创板，还是北京证券交易所都应立足中国面向全球，伴随着人民币国际化进程，逐步成为我国长期资金分享全球经济增长红利的重要场所。

三、我国长期资金进入市场面临的机遇与挑战

当前，我国金融领域处于大变革大转型过程中，过去债务驱动投资、短期资金对接长期债务的模式将被根本改变。金融市场扭曲的风险收益特征将逐步转变为高风险高收益、低风险低收益的正常体系。在此过程中，长期资金进入资本市场既面临挑战也面临巨大的机遇。

挑战主要为三个层面：一是政府层面。社会保障体系不利于长期资金形成并进入资本市场。当前我国第一支柱养老体系仍处于现收现付为主状态，随着老龄化进程加快，养老金支付压力快速提升，更加不利于形成长期稳定的资金。二是企业层面。国有企业治理机制不够完善，考核管理不利于长期投资。根据国资委数据，在企业国有资产方面，2019 年、2020 年中央企业国有资本权益分别为 17. 8 万亿元、19. 6 万亿元，地方国有企业国有资本权益分别为 47. 1 万亿元、56. 4 万亿元；2019 年、2020 年中央企业净利润分别为 0. 96 万亿元、1. 57 万亿元，粗略估计对应 ROE 为 5. 39%、8. 02%；地方国有企业净利润分别为 0. 59 万亿元、0. 90 万亿元，粗略估计对应 ROE 仅为 1. 25%、1. 60%。国有企业的 ROE 回报小，特别是地方国有企业的 ROE 整体较低，这与国有资本管理方式及企业治理机制不完善有关。地方政府、国有企业更多受到短期 GDP 驱动，并非长期价值驱动。三是居民层面。投资习惯和高负债率不利于形成长期资金并进入资本市场。截至 2021 年 6 月，我国存续理财资金余额为 25. 8 万亿元，这部分资金的期限 1 年以内为主。截至 2021 年 3 月，我国城乡居民储蓄存款余额为 84. 5 万亿元，同样为短期资金。多年以来我国居民的金融理财渠道以银行为主，形成低风险偏好、绝对收益要求的特点。与此同时，我国居民杠杆率从 2012 年第一季度的 28%提升到 2020 年的 61. 7%，在高企的债务负担压力下引导居民长期持续投资的难度较大。

主要机遇为三个层面：一是政府层面。形成长期资金并进入资本市场的制度框架已经初步搭建完成。2017 年国务院印发《划转部分国有资本充实社保基金实施方案》、2019 年印发《关于划转部分国有资本充实社保基金有关事项的操作办法》，国有股权成为基本养老保险基金资金来源的重要组成部分，基本养老保险部分资金来源变为长期性质。2015—2017 年有关企业年金、事业单位职业年金的管理办法相继出台，这意味着未来基本养老金统筹层面支出压力相对降低。“划转的中央国有股权由国务院委托社保基金会负责集中持有，单独核算，并在条件成熟时组建养老金管理公司，独立运营划转的中央企业国有股权。”对该部分资本进行长期规划、长期投资的机构主体也已在筹备。二是企业层面。引导国有企业进行长效投资的管理体系正在建立。政府对国有企业的管理从“管资产”向“管资本”转变，国有企业的经营会更加注重市场评价、资本效益。监管层面鼓励 ESG 评价体系的运用，包括社会影响力投资的评价体系也在建立，这样的外部评价体系有益于促进国有企业形成长效的公司治理机制、长期价值驱动。三是居民层面。低风险低收益的产品体系有利于鼓励居民进行长期储蓄投资。长期以来，扭曲的资本市场定价体系在居民层面形成低风险中等收益、低风险高收益的投资意识。随着资管新规过渡期结束，大量低风险的金融理财产品逐步回归低收益常态。市场的收益率期限结构逐步转正，风险溢价回归合理，居民开始有配置高收益、长久期资产的动力。

四、建设符合我国国情的长期资金入市路径

我国国有资产体量大、国内经济体量大、国家有追求共同富裕的长期目标。在基本国情背景下，我国长期资金进入资本市场的主体和路径应当有以下几个主要方面。

第一，政府层面统筹国有企业股权等资本进行长期投资，形成长期资金入市中坚力量。这部分长期资金的投资目标应当是为每个公民均等地储备财富，以应对必要的社会保障支出，为共同富裕提供坚实的财务保障。

第二，国有企业层面进行治理机制改革，形成长效投资驱动管理体系。我国国有企业，特别是中央企业的挂牌上市占比高，本身已经处在资本市场。对于这类主体更需要的是引导其投资变为长期驱动。这方面应当充分借鉴新加坡模式：以为股份所有者（国家或地方政府、集体）提供长期高回报为目标、用市场化方式进行国有企业管理、形成长效的投资评价体系。这部分的长期资金

或以类似产业资本的形式进入资本市场，其预期的回报也应当以投资所在经济体的产业资本回报率为参考。

第三，居民层面持续进行投资者教育、金融产品供给改革，适时扩大企业年金和职业年金覆盖面，为居民长期资金入市提供必要条件。居民的短期投资习惯叠加“资产荒”很容易引发资本市场高波动。投资者教育有助于引导居民形成合理的风险收益预期。鼓励市场提供风险适宜、收益平衡的长期投资产品也有利于将资金期限变长并进入资本市场，这些产品包括有封闭期的养老 FOF 类产品，保险年金产品等。由于我国内地统筹性质的基本养老保险缴费比例已经很高，不适宜推出类似中国香港地区强积金的强制性计划，但是未来应当适时扩大企业年金和职业年金覆盖面，以免税等手段鼓励居民进行养老储蓄投资，并引导这些长期资金以合理方式进入资本市场。

显然，要使不同主体引导的长期资金均能分享经济增长红利，离不开我国资本市场建设。中国已经成为世界上第二大经济体，如此大的经济体量，国有资本的长期投资、国有企业的长期投资在全球市场都会形成较大能量，如果不建设好我国自身的资本市场，大量在外投资容易导致风险外露、引发争议。要使这些长期资金能够获得长期较高收益，离不开市场化运作的管理机制改革。对于我国社保基金，挪威政府养老基金模式是参考；对于国有企业层面，淡马锡控股也是很好选择。作为我国资本市场的重要组成部分，这些长期资金不仅要投资于资本市场，更要高效率地收益于资本市场，只有这样才能发挥资本市场促进经济增长的支撑作用。

养老金入市国际政策环境比较研究

王茹丹*

摘　要：随着人口老龄化加剧和预期寿命延长，关于退休收入体系如何更好满足当前和未来退休人群需求这一课题的重要性不断增加。我国目前正处于发展第三支柱养老保险，扩大养老保险供给，推动养老金入市的初期阶段。本文借鉴欧美等发达国家养老基金入市经验，提出中国推进养老金入市的发展路径和政策建议。文章建议，在提供不同养老金管理机制、促使养老金责任向私营部门转移、进一步提升养老金入市税收优惠政策的同时，不断改革和完善资本市场，推动第二、第三支柱养老金进入股市。

关键词：养老金制度　三支柱养老金　养老金入市

养老金制度在提供老年经济保障方面发挥至关重要作用。随着人口老龄化加剧和预期寿命延长，退休收入体系如何更好满足当前和未来退休人群需求，成为当前社会发展的重要研究课题。

一、中国养老金运营模式正受到挑战

与发达国家相比，我国进入老龄化阶段时期较晚。根据联合国对老龄化社会①的定义，我国自1999年开始正式迈入老龄化社会。人口老龄化通常是一个渐进、缓慢的过程。例如，60岁或以上人口比例从7%增加到14%，法国、瑞

* 王茹丹，中航证券有限公司宏观分析师。

① 1999年，我国老年人口（年龄≥65岁）为8679万（不包括港澳台地区），约占总人口的7%。根据联合国对老龄化的定义，如果一个国家或地区65岁以上人口占总人口的7%以上，那么这个国家就进入了老龄化社会。

典、美国分别用时 115 年、85 年、69 年，而中国只用时 34 年。根据第七次全国人口普查，中国总人口从 2010 年到 2020 年仅增加 7206 万人，增长 5.38%。其中，65 岁及以上老年人增加 7171 万人，增长 60.3%。由此可见，我国作为人口大国，老年群体规模呈现快速增长趋势（见图 1）。中国保险业协会 2020 年发布的《中国养老金第三支柱研究报告》显示，未来 5~10 年，中国预计会有 8 万~10 万亿元养老金缺口，而且缺口将随着时间推移进一步扩大。随着出生率下降和人口老龄化加剧，中国养老金管理模式正受到挑战。

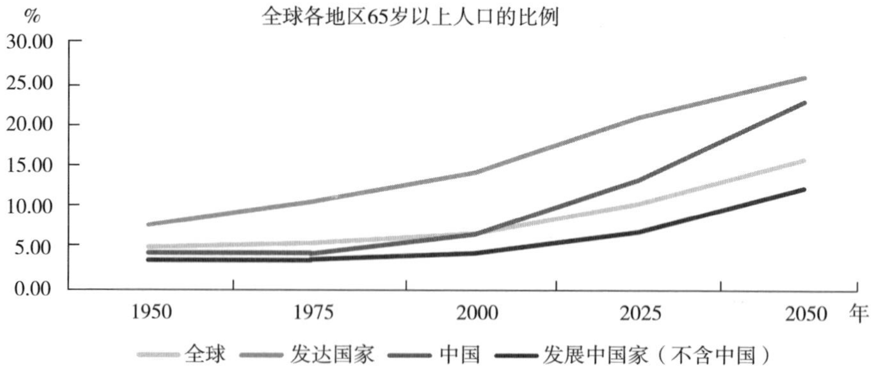

图 1　老龄化进程的国际比较

（资料来源：UN，中航证券研究所）

与大多数发达国家相比，我国养老保险入市资金规模相对较小。经济合作与发展组织（OECD）2018 年统计数据显示，大部分 OECD 国家养老基金资产主要投资于债券和股票。在 36 个经合组织成员国中，权益类投资占整体公共和私人养老金资产的 24.4%，固定收益和现金类资产占比 52.5%，其他类资产占比 37.2%。同时，股票投资比例越高的国家，养老基金回报率越高。除圭亚那、科索沃、日本和英国外，其他国家养老基金资产投资中票据、债券和股票占比均超过 50%。波兰和澳大利亚是投资股票资产比例最高的两个国家，获得实际投资回报率高达 7%。相比之下，我国养老金投资股票市场比重相对较低，仍有较大提升空间。截至 2020 年 12 月底，我国三项社会保险基金（养老、工伤、失业保险基金）累计结余 6.13 万亿元。但入市资金仅有 1 万亿元，占比约 17%。未来，如何扩大养老保险基金入市规模，引入市场化投资制度以实现养老保险基金保值和增值将是我国养老金管理的重要内容。

二、我国正在推进养老金体系改革

构建多层次养老金体系是应对老龄化的必经之路，也是全球在养老制度改革方面的最大共识。根据 OECD 2017 年报告，大部分欧洲发达国家都采取三支柱养老金体系。其中，第一支柱是由国家主导的基本养老保险，主要确保国民基本养老收入。第二支柱是由用人单位主导的企业年金和职业年金，主要确保拥有稳定职业和收入的人群增加养老收入，无法覆盖大量灵活就业人员。第三支柱包括个人储蓄型养老保险和商业养老保险，是个人利用金融手段增加养老保障供给的有效形式。

我国自 1991 年开始发展三大支柱养老保险体系。1991 年，国务院发布《关于企业职工养老保险制度改革的决定》，我国开始建立以第一支柱为主的养老金制度。2004 年 5 月，劳动和社会保障部发布实施《企业年金试行办法》，我国开始发展以企业年金和职业年金为代表的第二支柱养老金。目前，我国正处于发展第三支柱养老保险，扩大养老保险供给，推动养老金入市的初期阶段（见图 2）。从美国第三支柱养老金发展历程看，我国养老金市场化有较大发展潜力。养老金入市在国外早有先例，我们可以参考美国以及欧洲国家养老金入市和管理的成功经验。

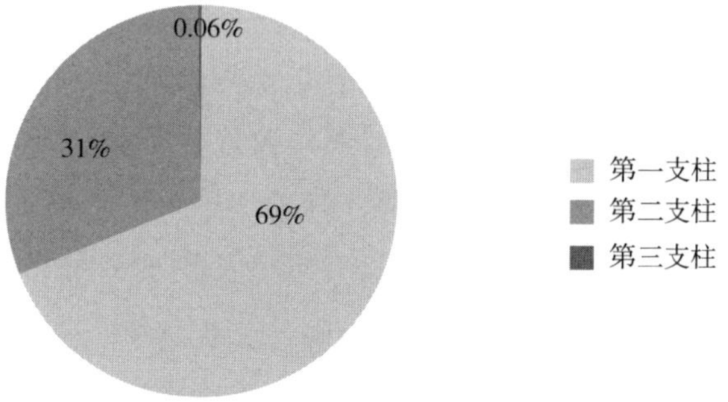

图 2　截至 2019 年底我国各支柱占养老金资产比例

（资料来源：中航证券研究所新闻整理）

三、养老金入市国际经验分析

（一）提供不同养老金管理机制，促使养老金责任向私营部门转移

以美国为例，美国养老基金体系主要由第二、第三支柱主导。截至 2018

年9月，美国养老金第一、第二、第三支柱占比分别为9%、55%与36%。从各个支柱占比看，美国最常见的养老金管理形式是私人养老基金，根据投资形式不同，可分为固定收益（DB）、固定缴款（DC）或混合型。传统的固定收益①计划曾是养老金计划主要类型，但目前已逐渐被固定缴款②计划取代。这种第二、第三支柱所主导的多元化养老金体系为个人提供多样化养老产品。随着第二、第三支柱发展，大量养老金进入股市，不但成功推动美国股市长期稳定增长，也实现养老金保值增值。

美国私人养老基金为个人提供多种固定缴款类型，包括以下四种。

401（k）以及其他类似计划：通常采用雇主匹配缴费形式，企业为员工设立专门养老金账户，员工可选择将部分工资收入存入该账户，雇主根据员工缴费匹配一定份额资金，通常不超过员工存入金额。

利润分享及类似计划：通常由雇主根据特定分配公式给员工分配，如按照工资百分比分配。

员工持股计划（ESOPs）：员工账户资金主要投资于公司股票。雇员可以借钱购买股票，贷款由雇主提供或由有雇主担保的商业放款人提供。

个人退休安排（IRA）：一种享受税收优惠的个人储蓄安排。允许雇员为退休留出资金，个人可以选择在银行、保险公司或其他金融机构设立退休账户。

其中，较为成功的是美国401（k）养老计划。截至2018年底，平均63%的401（k）资产通过基金形式投资于股票等权益类产品，28%的资产通过债券基金或货币基金投资于固定收益类产品。随着美国资本市场发展逐渐成熟，基金型资产管理公司利用丰富的产品组合、专业投资管理技能取得较高投资回报，成功超越银行和保险公司，成为美国第二支柱和第三支柱养老金市场领先者。从1978年美国推出401（k）养老计划，并逐步向固定缴款类养老基金过渡，到2013年美国私人养老基金中固定缴款类规模扩大44倍，50%的固定缴款类养老基金资产投资于基金，26%投资于股票。

除美国外，在以荷兰、丹麦和瑞典为代表的拥有成熟养老金体系的国家

---

① 固定收益类主要是由雇主或政府为符合条件的雇员退休后提供终身保障收入。雇主根据雇员的工资和服务年限等因素为每位参与者提供特定的退休福利金额。

② 在固定缴款计划中，缴款由员工出资，雇主将为雇员贡献一定金额的保险金。雇员拥有独立的退休账户并可以自主选择保险金的投资。

中，被保险人在资本市场投资权重也相对较高。根据 OECD 2015 年调查，养老保险体系相对发达的国家对于社保基金投资范围限制较小。例如，丹麦规定 70%的养老基金可以投资股权。在这些国家中，第一支柱主要是保障低收入人群的养恤金，第二支柱和第三支柱养老金是中高收入者退休收入的重要组成部分（见图 3）。

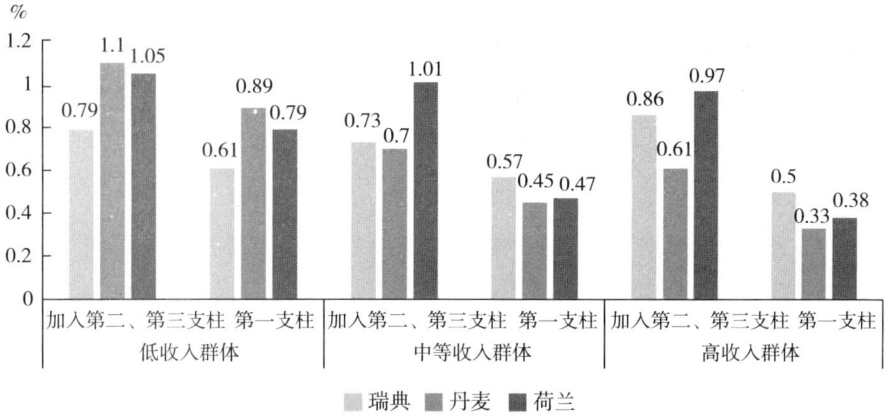

图 3　2014 年瑞典、丹麦以及荷兰的养老金替代率

［资料来源：Sørensen 等（2016），中航证券研究所］

由于第二、第三支柱养老金将更多养老金管理选择权交给个人投资者，这种养老金体系能够给予个人更多养老产品选择权，提高个人养老意识，激发人们将更多养老金投入资本市场提高收益。同时，对养老基金投资限制较为宽松，也为养老金进入资本市场提供基础。

相比之下，我国养老保险主要依靠第一支柱——国家公共养老保险支撑，造成一支独大的局面。目前，第一支柱养老金主要以各省份与社保基金会签约的形式进行投资管理，地方政府的积极性成为影响养老金入市的关键因素。各省份受养老金足量按时发放的压力，更看重养老金的保值增值，导致风险偏好过于保守。虽然养老金入市有利于提高收益，但通常都会伴随着风险。因此，实践中更多省份选择将资金存入银行，参与市场化运营积极性并不高。另外，为保障养老基金投资安全性，2015 年 8 月国务院印发施行《基本养老保险基金投资管理办法》，明确提出养老保险投资于股票、股票基金、混合基金、股票型养老金产品的比例不得高于养老金资产净值的 30%。这一限制虽有利于保障养老基金资产的安全性，但也在一定程度上限制养老金投资灵活性。

从欧美经验看，适当调整养老金结构，积极发展第二、第三支柱养老金，以固定缴款形式逐渐取代固定收益计划，不仅可以降低第一支柱养老金的责任和财务成本，也有助于为企业和个人提供更加多样化、个性化的退休理财方案，推动养老金入市。发展增加个人选择权的养老金方案有助于推动养老金投资资本市场，能够更好地满足国家为退休人员提供充分福利的需求，以及推动金融市场发展等多重目标。

从中国目前情况看，随着人口老龄化不断加剧、养老金支出逐年增长，由第一支柱主导的养老结构给财政资金带来较大压力。因此，我国现有的三支柱养老体系需要优化调整。在保障第一支柱养老金有效管理基础上，必须要加快第二、第三支柱占比，实现三支柱均衡发展。从发达国家经验看，以第二、第三支柱为主的保险金结构更有助于提升养老金收益，实现养老金保值增值。通过养老金市场化改革，不但可以明确国家、企业、个人之间所有权关系，推动养老金流入资本市场，也赋予企业和个人更多投资选择权，让企业和个人更多参与到自身养老金管理中。与此同时，我国可以进一步放宽养老基金投资限制，允许更高比例的养老金灵活投资，让第三类补充养老保险基金更多参与到证券市场投资。

（二）鼓励养老金入市的税收优惠政策

养老、保险基金等长期资本进入资本市场，需要监管部门和税务部门共同创造有利税收条件。美国政府通过税收优惠鼓励私营企业养老金 401（k）计划在资本市场投资。根据美国国税局报告，雇主资助 401（k）养老基金主要有两方面税收优势。

一是雇主可以在缴纳 401（k）养老金时获得税收优惠。雇主根据雇员缴纳款项，可以从公司联邦所得税申报表中扣除，获得税费减免。截至 2020 年，雇主的最高免税金额是参加 401（k）计划职工总薪酬的 25%。

二是职工缴纳以及投资收益享受税收延期直至提取。通常职工退休并提取退休金时，他们的收入将处于较低纳税等级，因此参与养老计划意味着他们可以获得长期税收减免优惠。

这种涵盖员工和雇主的税收优惠政策对美国企业和员工具有较大吸引力，提高美国居民养老计划参与率。由于个人可以通过存入 401（k）基金来延迟纳税并实现养老保险账户增值，美国 401（k）计划发展迅速，从补充性养老计划成为美国主流养老体系中最大支柱。截至 2021 年 5 月，401（k）计划约有6.7万亿美元的资产，占美国固定缴款计划资产规模的70%左右。而这些养老金资产成为美国资本市场发展的基石。2021年美国投资公司研究机构（ICI Research）民意调查显示，拥有固定缴款计划账户的主体中，86%的个人认为税收优惠是选择投资401（k）计划主要激励因素。从美国401（k）计划发展经验看，为提高个人和企业的自愿养老保险参与率，我国需要继续完善税收优惠等配套政策。

税收优惠是鼓励企业和员工参与这些退休计划的重要手段。目前，相对于发达国家，我国对企业年金和个人递延税商业养老保险的税收优惠较低。2018年，税延养老保险在上海、福建和苏州工业园区开始试点。根据政策规定，保险优惠限额是按照当月工资薪金、连续性劳务报酬收入的6%和1000元孰低确定，超额缴费部分不能享受税延优惠。相比之下，芬兰个人第三支柱养老金计划储蓄账户有资格获得30%税收抵免，丹麦和瑞典的税收优惠分别为15.3%和15%。可见，我国税收优惠力度仍需进一步加强。我国税收抵免过程复杂。按孰低原则确定税前扣除方法，个人和部分企业计算既不方便又过于复杂。根据现行规定，个人在自行购买递延税商业养老保险时，必须通过指定网上平台下载递延税商业养老保险扣减凭证，并提供给企业/用人单位，然后企业/用人单位在计算个人所得税前，扣除凭证中规定的最高可抵扣税额，复杂的操作过程加大推广难度。因此，未来有必要加强税收优惠和其他政策，提升养老基金投资对企业和个人的吸引力，从而推动养老金入市。

为鼓励低收入者参加和缴纳私人养恤金，一些国家采取更直接的财政奖励措施，包括政府或雇主的匹配供款，以及政府固定的补贴（见表1），相关款项直接提供给参与私人养老金缴款的合格个人。对于雇主，为个人养老金缴纳的支出通常被归为免税商业开支。2018年，丹麦为保持养老金储蓄激励，引入额外免税政策。对于每年储蓄不超过7.15万丹麦克朗养老金的个人，退休前最后15年可获得22%额外税收豁免，对于退休时间超过15年的养老金储户，额外免税额为8%，意味着养老金储户税金减免额超过100%，达到122%或108%。这类额外补贴政策值得我们参考，在进一步提升税收优惠的基础上，加大财政直接补贴力度，将有助于提高企业和个人养老金参与率，从而推动养老金入市。

表 1　2019 年 OECD 国家私人养老制度的非税收财政激励

财政激励措施	国家
将雇主提供的匹配补贴列入免税开支	德国、冰岛、意大利、新西兰、波兰、美国
政府匹配补贴	澳大利亚（50%）、奥地利（4.25%）、智利（50%或 15%）、捷克（20%）、匈牙利（20%）、新西兰（50%）、土耳其（25%）
政府固定补贴	智利、德国、立陶宛、墨西哥、波兰、土耳其

资料来源：中航证券研究所新闻整理。

四、高效的资本市场是发展第二、第三支柱养老金的关键

前文论述是假定推动养老金入市将有助于完善我国养老金体系，而该假设的基础是拥有高效的资本市场。因此，规范、透明、开放、有活力、有韧性的资本市场是发展第二、第三支柱养老金的关键。

对于发达国家，金融市场高度发达，高效的资本市场能够提高经济发展质量，促进经济增长。但在资本市场结构单一、银行体系运行低效的国家，金融基础设施薄弱，通常导致投资收益低、风险大。强制设立基金个人账户等同于用大量养老金冒险。因此，持续改善资本市场是为第二、第三支柱养老金发展提供良性投资环境的基础。有效的监管以及健全的法律制度和信息基础设施将有效地激励养老金入市。

原则上，在高效的资本市场，企业融资有助于提高储蓄转化率，达到增加国民储蓄并促进国家经济增长的效果。资本市场将为养老基金提供投资回报和风险管理机会。根据世界银行研究，养老基金和人寿保险公司是 1974 年后推动美国金融创新的主力军，如抵押贷款担保债券、抵押贷款支持证券、指数期货和期权以及保证收入合同等产品都是根据养老基金需要而量身定制的工具。创新的金融工具反过来帮助企业有效地分散风险，降低投资成本。另外，强大的养老基金行业是养老金入市的基础。优化完善养老目标基金的发行主体资格、产品类型，树立稳定、长期的养老基金投资理念，搭建完善的养老金融平台，有助于推动第二、第三支柱养老金入市。

2021 年 11 月 15 日，中国第三个证券交易所——北京证券交易所正式揭牌开市。这标志着我国资本市场向多层次、高质量发展又迈进一大步。北京证券

交易所的设立在为更多创新型中小企业提供直接融资的同时，也为公募基金提供了更多投资运作空间。基于北京证券交易所服务创新型中小企业的市场定位，后续北京证券交易所有望推出更多丰富的证券产品。在固定收益、衍生品等方面持续创新将为市场带来多元化的投资和融资服务，有助于推动我国养老金入市。

推动养老金入市是一项系统性工程，不仅需要政府部门搭建完善的养老机制，还需要金融企业以及个人的积极参与。基于欧美等国家的成功经验，可以预见，随着中国养老制度不断完善，第二、第三支柱养老金入市规模将不断扩大。未来资本市场不断改革以及个人投资者投资经验积累将助推第二、第三支柱养老金进入股票市场，并成为重要养老支柱。反过来，我国养老金入市也将为股票市场带来长期资金，有助于股票市场长期繁荣。

参考文献

［1］路锦非，杨燕绥．第三支柱养老金：理论源流，保障力度和发展路径［J］．财经问题研究 ，2019（6）．

［2］刘杨．社保基金累计结余 6.13 万亿元［N］人民日报，2021-02-02.

［3］联合国经济和社会事务部人口司．2015 年世界人口老龄［R］．纽约：联合国，2015.

［4］中国证券投资基金业协会．2019 年全球养老金发展概览——OECD 和 G20 国家［EB/OL］（2020 - 01 - 03）．http://fund.jrj.com.cn/2020/01/08134928643016.shtml.

［5］江帆．保费收入和参保人数远低于市场预期——税延养老险为何叫好不叫座［N］经济日报，2020-07-06.

［6］姚祥云．盘点全球养老保障体系最佳十国［EB/OL］新华网，（2015-09-09）．https：//m.nbd.com.cn/articles/2015-09-09/944889_ 1.html.

［7］经济合作与发展组织．经合组织私人养老金展望［R］．OECD，2018.

［8］荀玉根．策略专题报告：“险”山露水，险资构成及投资特征［R］．海通证券股份有限公司，2018-09-29.

［9］Bonizzi，Bruno，and Jennifer Churchill. Pension funds and financialisation in the European Union［J］．Revista de economía mundial ，2017（46）：71-90.

[10] ICI Research. Ten Important Facts About 401 (k) Plans [EB/OL], (2021-05) https://www.ici.org/sites/default/files/file/2021_ten_facts_401k.pdf.

[11] VanDerhei, Jack, et al. 401 (k) plan asset allocation, account balances, and loan activity in 2016 [J]. *EBRI issue brief*, 2018 (458).

基于目标投资模型在投资者教育中的应用研究

石　云　廖　俊　乔春雨*

摘　要：伴随金融资产迅速增长，加强投资者教育成为资本市场建设的重要课题。本文通过梳理投资者教育的国际实践，发现随着科技进步和投资者教育体系成熟，投资者教育的形式和内容日趋多样化，金融机构的投资理念和投资者教育理念也发生改变，基于目标投资（Goal-Based Investing，GBI）的模型逐步得到探索应用。本文结合中国投资者教育的探索实践和基于目标投资的本土化实践，提出应将投资者教育工作提升到国家金融发展战略高度。

关键词：投资者教育　基于目标投资　GBI

一、投资者教育的定义和意义

投资者教育是针对个人投资者进行的一种有目的、有计划、有组织的系统性社会活动，旨在通过传播投资知识、传授投资经验、培养投资技能、倡导理性投资观念、提示相关投资风险、告知投资者权利及保护途径，提高投资者素质。部分国家把投资者教育称为“金融消费者教育”，如英国、澳大利亚。

国际证监会组织（IOSCO）提出投资者教育的六个基本原则：投资者教育应有助于监管者保护投资者；投资者教育不应被视为是对市场参与者监管工作

* 石云，中信建投证券股份有限公司经纪业务管理委员会信息化专家、经纪业务管理委员会运营管理部高级副总裁；廖俊，中信建投证券股份有限公司经纪业务管理委员会运营管理部经理；乔春雨，财富引擎（北京）科技有限公司解决方案专家、交叉信息核心技术研究院金融科技与监管科技研究中心高级研究员。

的替代；投资者教育没有固定模式，模式具体取决于监管者的特定目标、投资者的成熟度和可供使用的资源；鉴于投资者市场经验和投资行为成熟度层次不一，不存在广泛适用的投资者教育计划；投资者教育不能不应等同于投资咨询；投资者教育应保持公正、非营利原则，避免与市场参与者的任何产品或服务有明显联系。

投资者教育对我国当前环境具有非常重要的意义。一方面，我国已成全球第二大财富管理市场，[①] 截至 2020 年底，我国个人金融资产创历史新高已达 205 万亿元人民币，未来 5 年预计将继续以 10%年复合增长率快速增长。资产增长同时资产结构也发生变化，逐渐从房地产转向权益类资产。西南财经大学中国金融研究中心调查研究显示，2020 年个人投资者以股票和基金为代表的权益类资产配置比例为 33. 21%，相较 2018 年的 28. 46%提高 4. 75%；投资性房地产配置比例则从 2018 年的 9. 33%下降到 2020 年的 9. 02%，下降 0. 31%。在过去投资长期刚性兑付背景下，个人投资者缺乏风险收益匹配概念，如今面对丰富的金融产品，亟须得到投资方面的教育。另一方面，建设稳健发展的多层次资本市场离不开个人投资者积极、有序、理性的参与。根据中国证券登记结算有限责任公司的投资者统计，截至 2021 年 10 月底，自然人超过 1. 9 亿。西南财经大学中国金融研究中心《我国证券投资者教育的效率分析与制度建构》课题组调查研究显示，缺失理性投资和价值投资理念是造成投资者行为偏误重要因素。我国近四成投资者具有博彩投资心理，有近三成投资者偏好“追涨杀跌”操作方式，近四成投资者具有处置效应，同时投资者普遍存在过度自信认知偏差。调研研究同时显示，投资者金融知识提升有助于降低其博彩倾向、杀跌倾向、处置效应，增强风险防范能力，提高投资行为理性程度。另外，在投资者不理性行为出现时，及时提醒能起到显著矫正作用。因此，在我国大力发展资本市场的背景下，投资者教育工作需要提升至新高度。

二、投资者教育的国际探索

从国际经验看，投资者教育理念兴起于 20 世纪 90 年代，“自下而上”发展建立起投资者教育体系，由社会组织、金融机构、投资者个人等率先发起，并向官方化、系统化的组织形式转变，建立成熟完整的投资者教育体系。

① 参见麦肯锡，《全速数字化：构建财富管理新护城河》。

美国证券交易委员会（United States Securities and Exchange Commission，SEC）、德国联邦金融监管局（BaFin）、加拿大证券学会（Canadian Securities Institute，CSI）、欧洲基金与资产管理行业协会（European Fund and Asset Management Association，EFAMA）分别成为各地投资者教育体系的中坚力量。

以美国为例，早期美国金融市场投资者教育以消费者组织为主要组织和执行者，经历以金融机构为主导，到政府组织为主导的演进历程，且在 2006 年正式将投资者教育纳入国家战略之中，构建美国证券市场监管者、证券及基金业自律组织、行业协会、金融机构、学校、媒体等多组织协同、专业、全面的投资者教育体系。

美国证券市场监管者、证券及基金业自律组织、行业协会各司其职，共同推进投资者教育的发展与普及。SEC 于 1994 年成立“投资者教育及援助办公室”（The Office of Investor Education and Assistance），主要服务于个人投资者，旨在协调开展全国的投资者教育活动，受理投资者的咨询与投诉，向投资者提供 SEC 有关报告及文件；参与相关法规及政策的制定。证券自律监管机构金融业监管局（Financial Industry Regulatory Authority，FINRA）通过高效监管，辅以技术服务，加强投资者保护和市场诚信建设，并采取媒体宣传和召开研讨会等多种形式，帮助投资者了解金融知识，熟悉基础的投资工具，还有“FINRA 投资者教育基金”资助投资者教育研发及培训项目。美国证券业及金融市场协会（The Securities Industry and Financial Markets Association，SIFMA）向专业人士和投资者提供培训资源，其主要职责之一就是开展投资者教育活动，并开发“通向投资之路”（“Path to Investing - Leading the Way to Financial Knowledge”）、“股票市场游戏”（“The Stock Market Game”）及“投资写作竞赛”（“Invest Write”）3 个金融游戏，寓教于乐。美国投资公司协会（Investment Company Institute，ICI）是美国投资基金业的行业组织，其目标之一就是促进公众对共同基金的认识，并基于此开展一系列投资者教育活动，同时也参与由政府赞助的投资者教育活动，并设立专门的基金会对活动进行支持。

随着科技进步和投资者教育体系成熟，投资者教育的形式和内容更加多样化。从最初印发投资知识、权益保护等方面书面资料，通过纸质媒介宣传，举办线下讲座、沙龙等现场教育活动和其他活动，到制作视频在各种线上媒体传播，包括投教动画、口播视频、理财情景剧、理财辩论综艺等，打破时间和空间限制。数字技术的不断发展给投教模式提供更多可能，如用真实的行为数据分析，直观地告诉投资者怎样的投资行为更加适合投资者。

在投资者教育体系建设过程中，金融机构的投资理念和投资者教育理念也在发生改变。2002年以前，金融机构普遍使用基于马科维茨投资组合方法的现代投资组合理论，随着传统投资组合理论的缺点逐渐暴露，尤其在2008年国际金融危机爆发后，美国投资机构和投资者逐渐意识到仅追求高回报将影响长期财富积累，转为更注重以实现具体人生目标为导向的投资。在投资者个人人生阶段中，通常存在多个财富目标，如购房、购车、子女教育、医疗、养老等大额开支和日常消费。由于个体差异性，个人投资者消费水平和财富目标实现时间有较大差异，且受到收入、金融市场波动影响，普通人难以对复杂变量进行分析并得出合理财务规划。鉴于不可忽视的投资者非理性行为，金融机构投资者教育经历从单纯输出金融基本知识和传统投资理念，到补充行为金融知识，并在实际操作过程中对投资者行为偏差进行管理的变化，并用碎片化、嵌入式互动方式影响投资者的投资行为。基于目标投资（Goal - Based Investing，GBI）在此背景下诞生。

GBI是基于投资者特定目标进行资产配置和投资组合管理的投资方式，将基于现代投资组合理论的传统投资方法与行为金融学的观察相结合，GBI还融合财务规划和资金管理的流程。

从投资层面而言，GBI建立一套全新的风险度量框架和风险分析框架。传统投资理念注重利用数据指标，如使用标准差和跟踪误差度量风险，不易于投资者理解，同时传统投资理念仅根据投资者风险承受能力提供投资组合，没有考虑投资者偏好与行为偏差，通常出现与投资者的心理账户不匹配的情况。GBI基于投资者的每一个目标，分别给出相应独立的投资组合，以是否可以满足投资者目标作为基准，是否可以实现既定目标作为新的风险敞口度量标准，能否更准确地捕捉投资者的实际需求，以及在每个目标下的风险承受能力。

从投资者教育层面而言，GBI是投教的一种有效方式。在此模式下，投资者可以清晰得到与其目标相对应的投资策略与组合，风险敞口表达方式更容易理解，随目标实现可能性增加，投资者更有可能保持自律和信心，在很大程度上避免因个人行为偏差而导致错失本应得到收益的现象。同时，基于人生不同阶段、不同目标进行投资，可以激发人们对美好生活的向往，让投资变得有趣，寓教于乐地去引导人们去投资、去配置。

美国多家金融机构先后引入 GBI 模式，作为传统投资方式的补充以及投资者教育重要手段，包括美国资产规模最大统包资产管理平台之一的 SEI 公司、世界上最大基金管理公司之一的 Vanguard 公司、智能投顾鼻祖 Betterment 等。

三、实践及启示

我国投资者教育体系是自上而下建立的，早期主要是由金融监管机构与自律组织牵头，各类金融机构为执行主体。目前，已经基本形成以用户为中心为原则，以金融机构和媒体为先锋、以各级监管机构与行业自律组织为保障、以国民教育体系与其他第三方机构为辅助的多层次投资者教育体系，“线上+线下”渠道相结合，并创新性地成立投资者教育基地。

当前，我国投资者教育仍有很大进步空间，整体教育程度不足，有数量庞大的投资者尚未被覆盖。加之我国投资者数量众多且认知水平和投资经验参差不齐，需要根据具体情况对不同类型投资者因材施教，进一步增加我国投资者教育难度。另外，习惯刚性兑付的投资者缺少风险认知概念，但随着“净值化时代”到来，市场发生很大改变，投资者教育需要加入新内容。

可尝试将 GBI 模型用于投资者教育。具体实现步骤如下：首先把个人投资者未来不同优先级财富目标、现有和后续可持续性投入的资金作为变量输入，然后基于多阶段随机目标规划方法（MSGP），将个人当前和未来的现金流与具有优先级的目标结合起来统筹考虑，用优化算法求解。使用情景树生成方法，用情景树来表示资产收益分布。将后台收益分布与输入端分离，减少模型运算时间，使投资优化和市场不确定性建模可以单独执行，便于投资者与模型进行迭代交互。模型可以增加每个阶段未实现目标的 CVaR 作为投资回报风险约束，也允许添加额外约束组件，如监管限制等。

如图 1 所示，对于一个确定阶段，MSGP 按顺序执行 P 个步骤，实现多优先级优化。在第 1 步中，MSGP 只考虑优先级最高的目标，最大化实现该目标的概率。在第 p 步中，模型最大化实现第 p 个目标的概率，同时保持在步骤 1 到 p-1 中实现的优先级为 1 到 p-1 的目标。重复这个步骤至最后一个优先级目标。此 MSGP 方法可以制订科学合理的多阶段多目标财富管理方案，便于操作且以灵活的约束模块为模型提供丰富自由度，适用于大规模求解，是一种有效智能决策系统。

GBI 模型可以引导投资者明确财富目标，再根据客户资金规划帮助投资者选择资产配置方案并提示目标实现概率，目标实现概率过低时投资者可以调整目标或资金规划重新计算目标实现概率。GBI 模型可以引导投资者找到最适合自己的目标，基于目标的实现开展理性投资、价值投资。

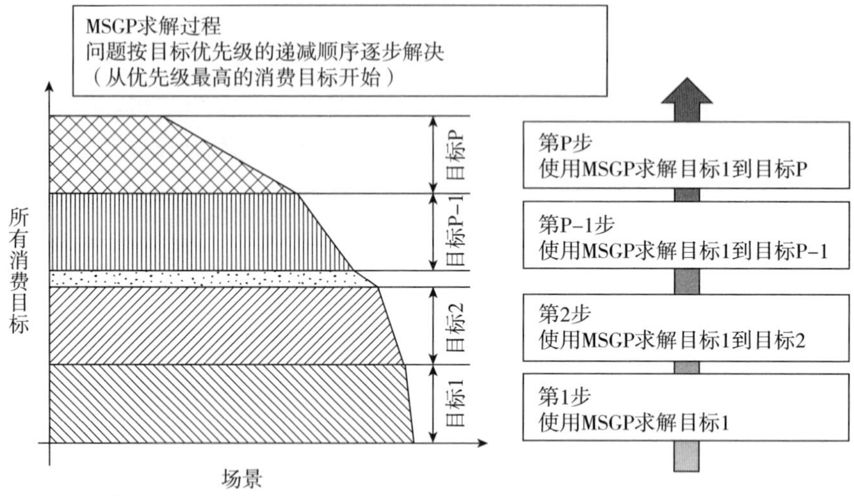

图 1　MSGP 模型的目标规划过程

当前，我国的资本市场正处在快速发展时期，出现深层次结构性变化。2021 年 11 月 15 日北京证券交易所正式开市，多层次资本市场进一步成熟，更多“专精特新”中小企业借助资本市场快速成长。为应对这些变化并推进资本市场健康有序发展，投资者教育成为一项任重而道远的工作，且应当把这项工作提升到国家金融发展战略高度。投资者教育执行主体要秉持“以用户为中心”的基本原则，学习国外先进经验并结合我国实际国情制订长期可行的投资者教育规划，借助金融科技等手段，吸纳行为金融、GBI 等先进理念，“线上+线下”渠道相结合，以趣味的形式、多种的渠道、丰富的内容，根据不同类型的投资者制定专业化、个性化、智能化的投教计划，因材施教，全方位提升投资者认知水平。

促进全体人民共同富裕是一项长期任务，作为财富管理机构需要不断改进投资者教育方法，让更多投资者可以利用多层次资本市场分享优秀企业成长的红利、实现财富保值增值。

参考文献

[1] 赵敏．加强投资者教育 夯实资本市场投资者保护基础 [J]. 清华金融评论，2017 (6).

[2] 管清友．加强资本市场投资者保护：势在必行、任重道远 [J]. Investor 投资者，2018 (1).

[3] 刘肃毅．证券投资者教育的国际经验与趋势 [N]. 载上海证券报，2007-05-15.

[4] 张亮，侯哲，周文意．助力理财行业投资者教育踏上新征程：厚积薄发 蓄势启航 [J]. 中国银行业，2021 (4).

[5] OECD. OECD/INFE Policy Framework for Investor Education，2017.

[6] Dan Nevins. Goals-based Investing：Integrating Traditional and Behavioral Finance [J]. The Journal of Wealth Management，2004，Volume 6，Number 4.

SPAC 上市融资模式比较分析研究

国金证券课题组*

摘　要：近两年，境外市场通过“特殊目的收购公司”（Special Purpose Acquisition Company，SPAC）上市融资大幅增加，各交易所对 SPAC 上市融资模式的关注和研究日渐增多。本文从 SPAC 运行情况、投融资运作模式比较、SPAC 前景展望三方面分析，认为 SPAC 上市融资模式融合了私募、上市、投资银行尽调、反向并购、公募、转板（如需）等多方面金融产品和服务。SPAC 上市融资模式体现相关主体融资的多样性及便捷性，对于我国资本市场服务实体经济有重要借鉴意义。

关键词：SPAC　新型上市模式　并购

2021 年 9 月 6 日，中国证监会主席易会满在第 60 届世界交易所联合会会员大会暨年会上发表主旨演讲指出，新型上市方式对传统 IPO（Initial Public Offering，首次公开发行募集股份，以下简称 IPO）模式形成颠覆性挑战，需要进一步跟踪和研究。近两年，境外市场通过“特殊目的收购公司”上市的融资活动大幅增加，各交易所对 SPAC 上市模式的关注和研究日渐增多，新加坡证券交易所（以下简称新交所）及香港联合交易所有限公司（以下简称港交所）相继发布 SPAC 相关规则。

---

* 本文为国金证券“境外发行上市模式创新的影响与风险分析研究”课题成果。课题负责人：易浩，国金证券股份有限公司首席风险官。课题组成员：赵阳、张慰、秦放、胡秀枝，均为国金证券股份有限公司风险管理部员工。

一、SPAC 上市融资模式简介

SPAC 上市融资与传统 IPO 的差异主要体现在“Acquisition”（收购）上，即 SPAC 上市融资模式下真正的上市主体为 SPAC 上市融资后收购的标的公司。通常而言，通过 SPAC 上市融资模式完成上市有四个关键环节：首先，设立特殊目的公司（SPAC），通常由专业机构投资者发起设立；其次，SPAC 在交易所完成资金募集并上市交易，募集资金存放于信托账户内；再次，SPAC 需要在交易所规定的期限内完成标的公司收购，若未能在规定期限内完成对标的公司的收购，SPAC 将被清算并将前期募集资金返还给投资者；最后，如果收购成功，则以新主体在交易所完成上市，投资者可以实现退出，如图 1 所示。

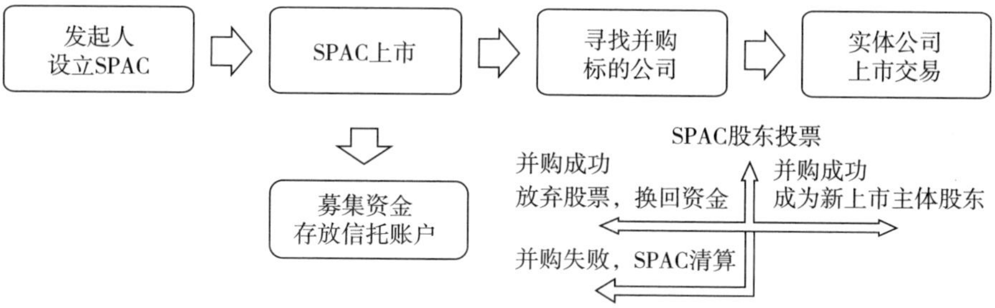

图 1　SPAC 流程

下文主要从发起设立、收购标的公司及投资者保护机制等方面概述美国纽约证券交易所和纳斯达克交易所、新交所及港交所关于 SPAC 上市融资模式的核心要点。

（一）美国 SPAC 上市融资模式

美国 SPAC 上市融资模式由美国证券交易委员会（United States Securities and Exchange Commission，SEC）在 1992 年通过的 419 法规中，关于空头支票公司（Blank Check Companies）的相关规定演变而来，后经市场各参与方博弈形成相关惯例及规则。就发起人资格而言，纳斯达克未做特殊要求；纽交所对 SPAC 发起人的经验及历史业绩进行综合判断，并将其作为上市考量因素之一。

美国资本市场对 SPAC 标的公司的上市资格要求参照普通 IPO 标准。纽交所、纳斯达克为拟 IPO 企业提供多种财务指标，各类标的公司可根据自身经营情况选择合适的市场板块。其中，纳斯达克资本市场（NASDAQ CM）、纳斯达克全球市场（NASDAQ GM）、纽约证券交易所（NYSE）分别设置5000万美元、7500万美元、1亿美元最低市值的上市标准。

美国资本市场对SPAC上市融资募集资金规模未进行规定。SPAC对标的公司实施收购，需经过股东批准同意。股东根据对拟收购标的的评估情况，可选择继续投资或行使股份回售权。为实现De-SPAC（并购过程）交易目的，至少80%的募资资金需要用于标的公司收购。此外，为避免募集资金长期低效闲置，SPAC的并购必须限定在公开发行后的一定时间内完成，通常要在上市后18个月内宣布收购标的公司，24个月内完成收购，否则SPAC将会进行清算。完成SPAC并购交易后，公开市场持股人数需符合一般上市规则，其中，在纽交所或纳斯达克全球市场上市的公众持股人数不低于400人，在纳斯达克资本市场上市的公众持股人数不低于300人。

对投资者的保护主要体现在募集资金监管及投票权上。首先，根据419法规，SPAC上市融资筹集资金需存入计息的信托账户，并购完成前不能支出，这部分资金主要用于未来收购标的公司。其次，投资者可以投票反对并购标的公司，并且有权要求按比例撤回其信托账户内的资金。

（二）中国香港SPAC上市融资模式

相较于美国资本市场的投资者结构，香港交易所普通投资者参与程度较高，港交所认为直接引入美国较为宽松的SPAC制度不一定适合香港资本市场的情况。港交所在《有关特殊目的收购公司咨询文件》（以下简称《咨询文件》）中，对SPAC上市融资相关制度进行较为严格的规定。

港交所认为，SPAC发起人的经验和声誉对上市是否成功、上市效果有重要作用，具有丰富资本市场经验的发起人有更大概率找到合适的标的公司，并在收购过程中获得更大优惠。为此，港交所规定，SPAC发起人中必须至少有一名持牌机构，该持牌机构需具备香港证监会发出的“就机构融资提供意见”（第六类牌照）或“提供资产管理”（第九类牌照）中的至少一项牌照。同时，这名持牌机构需至少持有发起人股份的10%。港交所认为，发起人在SPAC完成标的公司收购时就会获得超额收益，而不只仅从标的公司的后期成长中获得收益。港交所现行的《上市规则》有反摊薄规定，据此港交所同时设置了发起人占SPAC股权20%及全部权证行权后30%摊薄上限要求。

《咨询文件》建议并购交易后的公司需要符合所有拟IPO企业的上市条件并执行上市流程，包括聘请保荐人完成首次公开发售的尽职调查、标的公司需满足市值及财务资格测试等方面的最低要求，并设置最低 10 亿港元的募集资金门槛。港交所认为，SPAC 在并购过程中，目标估值可能存在不公允情况，但如有独立第三方，例如 Pipe Investment 的参与，收购风险就会降低。为此，《咨询文件》中规定，必须有独立第三方对并购目标公司进行投资，且独立第三方中至少一名是管理资产规模不低于 10 亿港元的资产管理公司或基金公司。同时，独立第三方须持有并购后公司预计市值的 25%，若预计市值超 15 亿港元，则持股市值需要在 15%以上。

综上所述，港交所对投资者的保护更为严格和全面。《咨询文件》还规定，SPAC 上市融资投资者范围仅面向专业投资者，具体而言包括拥有 800 万港元以上的个人、持有 4000 万港元以上的信托公司和持有 800 万港元以上且总资产规模不小于 4000 万港元的企业/合伙企业。除此之外，《咨询文件》还进一步规定其专业投资者的构成，SPAC 上市后，持有其股份与权证的人数必须多于 75 名，其中至少包含 30 名专业机构投资者。在投票权与回售权方面，为防止收购过程中的舞弊风险，港交所规定 SPAC 股东只能在投反对票的情况下回售股份。

（三）新加坡 SPAC 上市融资模式

新交所于 2021 年 9 月 2 日发布 SPAC 主板上市框架（Proposed Listing Framework for Special Purpose Acquisition Companies）。总体上，相关机制设计的灵活度和规范性介于美国和中国香港 SPAC 上市融资制度之间。

新交所规定，将发起人的业绩记录和声誉、SPAC 上市融资管理团队的经验和专长、对发起人及管理团队的奖励机制等作为 SPAC 发起人适当性评估的重要因素。新交所未对发起人设置更多可量化的标准，对发起人的总体评价需要综合考虑每个 SPAC 上市融资的具体情况。同时，新交所规定，发起人和管理团队以名义对价①或零对价②获得的股份权益不得超过 SPAC 融资上市时已经发行总股本的 20%。此外，为更好绑定发起人和管理团队与投资人之间利益，SPAC 主板上市框架设置了发起人和管理团队的最低出资要求，将认购比例与市值挂钩，发起人和管理团队的最低出资要求与最低市值要求相匹配。

新交所规定，并购标的公允市场价值应至少为届时托管账户资金的

① 名义对价又称象征性对价，是指与标的股票实际价值无关的对价。
② 零对价是指无须支付对价。

80%，即至少80%的募集资金需要用于标的公司收购。同时，新上市主体需满足股权分散度要求，公众持股人数不低于300人，持有股份比例不低于已发行股本总额的25%。

投票权与回售权方面，新交所规定所有独立股东均享有回售权，并且独立股东不仅可以在对De-SPAC交易投反对票时使用该权利，也可以在其他时候行使回售权。

二、SPAC上市融资模式与中国内地资本市场投融资运作模式比较

（一）与保荐制下IPO上市融资模式比较

我国对拟IPO企业新股发行上市实行保荐人制度，即由持牌金融机构对拟发行企业进行辅导和推荐，并核实其相关文件的真实性、准确性、完整性，对相关公告出现虚假记载、误导性陈述或重大遗漏承担连带责任。中国证监会于2021年7月9日发布施行《关于注册制下督促证券公司从事投行业务归位尽责的指导意见》，该指导意见从保荐机构监管工作机制、制度规则、责任追究、投行内部控制及激励约束五个方面强调保荐机构需尽职履责。同保荐制下的IPO相比，交易所通常对SPAC发起人或管理人无严格的准入标准，对发起人乃至标的公司的筛选更多依靠投资者“用脚投票”。上市安排上，保荐制下的IPO需经过辅导、申报、审核、注册/核准等环节，周期较长；而SPAC上市融资对并购规定时间限制，且交易所通常不对并购标的进行实质性审核，因此SPAC上市周期相对较短，上市预期更加明确。尽职调查程序上，保荐制下IPO对拟发行企业有明确的尽职调查标准，而SPAC对标的公司的尽职调查相对简单，未有明确标准。

就保荐制下IPO而言，证券公司持有IPO企业股权的方式主要有三种：首先，证券公司私募子公司能够以私募投资者的身份对企业进行股权投资，但证监会禁止先保荐再直投的方式，同时若持股比例超过一定限制则需两家保荐机构联合保荐，从制度设计上避免保荐机构同拟上市企业利益绑定以至对其专业判断产生影响。其次，注册制下IPO企业存在特定情形需要证券公司另类子公司跟投，但跟投情形的触发及跟投比例均由监管部门规定，另类子公司若不选择跟投则本次发行失败。最后，证券公司对IPO企业存在因包销而购入股票的情况。SPAC发起人需认购SPAC上市时20%左右的初始股份，发起人的收益主要来自并购标的成功上市带来的超额回报，因此与证券公司主要收入来自保

荐和承销存在差异。这也导致在信息披露上，保荐制下 IPO 需对拟发行企业的财务数据、业务相关信息等内容进行详细披露，SPAC 则侧重于对发起人及管理人相关信息，尤其是对其薪酬及激励机制进行详细披露。

发行定价方面，IPO 企业主要采取向专业投资者询价的方式确定发行价格，存在多方博弈导致企业估值不符合上市标准而引发发行失败的风险。近期，市场也存在个别 IPO 企业经询价确定的市值刚刚符合上市标准，但上市后估值却大幅上涨的情形，普通投资者较难享受股票一级市场与二级市场价差带来的收益。而 SPAC 发起人与标的公司股东沟通更为充分，双方商议确定并购企业的估值，有利于价值发现，因此 SPAC 的估值定价更接近其市场价值。

（二）与重组上市融资模式比较

在重组上市模式下，标的公司股东同上市公司大股东进行交易谈判，标的公司仍需符合基本的 IPO 上市标准，同时需要聘请具有保荐资格的独立财务顾问就重大资产重组发表意见，且独立财务顾问需对新上市主体进行为期三年的持续督导。因此，重组上市模式仍需要专业的持牌机构把关标的公司质量及后续运营风险，SPAC 模式通常对此无明确要求。

此外，与重组上市模式相比，SPAC 为标准的现金壳公司，不存在标的公司支付“壳”对价买壳上市的额外成本，募集资金直接用于标的公司的未来运营，SPAC 也不存在清理壳资产以及或有负债的额外成本，风险更加可控。

（三）与私募并购基金比较

截至 2021 年 9 月末，根据中国基金业协会统计，国内私募股权、创业投资基金管理人接近 1.5 万家。基金业协会对私募基金管理人及其产品仅为备案管理，并非授予牌照，因此私募基金存在质量良莠不齐的现象，部分基金产品甚至出现资金违规挪用的情况，市场认可度和公信力有待提高。

SPAC 上市融资模式同时兼顾私募及公募投资特征。就私募属性而言，包括借助基金管理人选择标的的专业能力，由专业投资者认购发起人股份的要求等机制设置，为标的公司提供了信用背书和融资上的便利。就公募属性而言，SPAC 上市融资为普通投资者参与“私募并购基金”提供了渠道，并且通过信托账户监管募集资金，防范募集资金被违规使用的风险，资金安全保障性更高。在投资风险上，SPAC 投资者有回售选择权，投资标的的风险相对较小，但也存在空置期资金仅限于投资低风险理财导致收益率偏低的情形。

三、SPAC 上市融资模式前景展望

在后疫情时代，SPAC 上市融资模式因满足投资者对资产安全性和成长性的需求而得到蓬勃发展，但也离不开与之相配套的法治制度环境和市场基础。

（一）建立完善的法治制度环境

标的公司可来自全球范围，可能存在标的公司所在地法律变化导致 SPAC 无法投资的风险；或者来自交易所规则变动导致无法投资的风险。此外，SPAC 上市融资融合了较多复杂的带有私募基金属性的条款安排，如私募投资者设置的反稀释权、控制权安排等条款，需要投资者具备较高的专业性。发生争议或纠纷时，投资者的救济渠道需要非常畅通，完善的法治制度环境和惩戒措施对投资者的保护尤为重要。

因此，监管机构需对 SPAC 上市融资的主要参与人保持高度关注甚至可以探索进行持牌管理，同时建立并持续完善相关制度安排，加强对违法违规行为的监督和惩戒。

（二）培育专业发起人

由于 SPAC 为现金壳公司，投资者主要基于对发起人的信任选择认购 SPAC 股份，因此发起人在 SPAC 上市融资模式中作为连接利益相关方的桥梁起着重要的作用。而 SPAC 上市融资模式对发起人存在诸多方面的挑战。首先，SPAC 上市融资募集资金的多寡决定了可以选择标的公司的范围，并且完成并购后的新上市主体还需符合市值及分散度等上市标准要求。其次，根据 SPAC 上市融资模式的安排，SPAC 上市之后需在规定期限内完成并购，因此要在短时间内完成标的公司筛选、尽职调查等一系列程序，但监管层面并无明确核查指引或者尽职调查要求，若发起人没有较好地完成履职程序，则存在标的公司财务造假而未被及时发现的可能。

因此，SPAC 上市融资模式对发起人的综合能力提出更高挑战，要求发起人同时具备较好的销售能力、并购能力及资本运作能力，需要在投资及投行领域具备一定优势和市场影响力。

（三）投资者专业化教育

虽然 SPAC 上市融资赋予投资者回售其股份的机会，但投资者并没有选择标的公司的权利，所以可能存在 SPAC 上市融资管理团队为在限定时间内完成并购交易而导致被并购标的公司质量较差的风险，此时即便投资者选择回购也

存在资本回报收益较低的可能。此外，投资者在 De-SPAC 阶段所获得的信息相对有限，存在机构投资者与一般投资者信息不对称的风险。

因此，SPAC 上市融资模式需主要面向专业投资者，但因其与传统 IPO 上市融资模式存在较大差异，仍需向其充分揭示该种上市融资模式及其风险与收益情况，初期实施时需设置一定的投资者准入门槛并做好投资者教育工作。

综上所述，放眼全球主要资本市场的相关制度和实践，SPAC 上市融资模式融合了私募、上市、投资银行尽调、反向并购、公募、转板（如需）等多方面金融产品和服务。SPAC 上市融资模式中相关主体融资的多样性及便捷性对于资本市场服务实体经济有着重要借鉴意义。

参考文献

[1] 中国证券业协会．中国证券业发展报告（2021）[M]．北京：中国财政经济出版社，2021.

[2] 汤欣，陈思含．SPAC 制度中投资者保护机制研究 [J]．证券市场导报，2021（9）：70-79.

[3] 刘久．中国企业借特殊目的并购公司美国上市法律研究 [J]．法学，2014（8）：130-140

[4] 陈若英．祛魅 SPAC——兼论我国上市公司公众投资者保护法律制度 [J]．清华金融评论，2021（7）：33-38.

[5] 王汉锋，刘刚，陈南丁．港交所 SPAC 知多少？[EB/OL]．（2021-10-10）[2021-10-21]．https：//mp. weixin. qq. com/s/3gv-fhMQ18 Is-sOiZJEU8dA.

[6] 毕秀丽，王贺．解码 SPAC，看这一篇就够了 [EB/OL]．（2021-04-29）[2021-10-21]．http：//www. dhl. com. cn/CN/tansuocontent/0008/021400/7. aspx.

[7] 胡天姣．加压 SPAC 审查，美国 SEC 提出权证新指引 [EB/OL]．（2021-04-13）[2021-10-21]．https：//baijiahao. baidu. com/s？id=1696900610422049442&wfr=spider&for=pc.

[8] 杨明皓，骆嘉昀．港交所 SPAC 咨询评析，中国香港、美国、新加坡 SPAC 监管比较 [EB/OL]．（2021-09-21）[2021-10-21]．https：//

www. hkmipo. com/2021/09/21/9bde5d6a50/.

［9］陈璞丹，陈博志，王宇，张可畏，黄俊杰 . SPAC 特殊目的收购公司：下一最佳上市地登场？［EB/OL］．（2021-09-28）［2021-10-21］． https：//mp. weixin. qq. com/s/H0BnjSt098bpw517ZR-XnQ.

［10］王勇，韦佳燃 . 新交所 SPAC 上市框架解读［EB/OL］．（2021-09-26）［2021-10-21］． https：//mp. weixin. qq. com/s/tKITyM4-mU7e5QG4tR1tLw.

法制建设

委派董事之股东信披违法行政责任研究（下）

赖坤元　蒋大兴*

摘　要：中国公众公司的公司治理已经形成“董事席位瓜分”格局，即股东之间通过协议等方式使部分股东能够稳定地向董事会推荐人选，并在事实上实现委派董事、控制董事会席位的效果。若从信息披露视野对委派董事之股东行政责任进行考察，则会发现该安排将使部分委派董事之股东免于行政处罚，进而导致一系列问题。而就我国现行制度而言，恐怕难以对此类主体进行规制。对于此类问题，以英国法为代表的域外法有影子董事与事实董事制度、法人董事制度两种回应方式。具体而言，通过影子董事与事实董事制度，可以将未经法定程序选任、经常性地对公司部分或全部董事发出指示且其指示在客观上会被公司董事会所遵循的相关主体，以及行使专属于董事之职权、构成公司治理结构一部分的相关主体，均认定为“董事”，并与经法定程序选任的法定董事承担相同的义务与责任。而法人董事制度更是允许法人主体直接出任公司董事、直接承担董事的责任与义务。参照域外法经验，我国可参照影子董事与事实董事制度尝试构建以下信披违法追责路径：首先，限于公众公司的特殊情况，无须刻意区分影子董事与事实董事，仅需将归责之主体明确为“直接或间接行使董事职权之人”；其次，可参考证监会在内幕交易案中所采取的推定规则，在信息披露违法违规案件中以推定的方式来对相关责任主体进行认定，即证监会仅需证明相关股东具有委派董事的基本事实，便可推定此类委派

* 赖坤元，北京市金杜律师事务所律师助理；蒋大兴，北京大学法学院教授。

董事之股东构成“直接或间接行使董事职权”的主体；最后，构建追责路径时仍需以未有法人董事制度为前提，可参照我国台湾地区的有关规定，将被追责主体的身份定性为“非董事”，并明确其与经法定程序选任之董事负有同等义务与责任。

关键词：委派董事　股东责任　影子董事　法人董事

一、回应之二：法人董事制度

（一）从影子董事、事实董事到法人董事

所谓的法人董事，是指由法人主体直接出任的董事。通常而言，限于法人主体的行为能力，相关法人主体须委派一个自然人作为其代理人，代为行使董事职权。

在承认影子董事及事实董事的国家及地区中，影子董事与事实董事通常视同为法律上的董事[①]，故若将某一法人认定为影子董事或事实董事，实际上就意味着认可该法人在法律上的董事地位。若相关立法本身认可法人出任董事，则法人因构成影子董事或事实董事而具有法律上的董事地位，自然毫无问题；但反过来说，若不承认法人可以出任董事，那么法人能否构成影子董事或事实董事则将变得难以确定。

例如，英国《2015 年小型企业、企业和就业法》对《2006 年公司法》进行修订，规定所有的公司董事均须为自然人；此外新增的第 156A 条第 4 款又特别规定，该条款对董事须为自然人的要求并不影响相关主体构成事实董事或影子董事时所需要承担的责任。

对于上述规定可以存在两种理解：第一种理解认为，上述规定第 4 款创设了一种法定例外情形，即在英国公司法删去相关规定、废除法人董事制度的情况下，法人主体在法理上已无法构成影子董事或事实董事，但考虑到对此类主体追责的必要性，成文法额外创设了例外情形；第二种理解则认为，上述规定第 4 款仅是对现有认定规则的强调，即董事的选任条件不同于董事的构成要件。就后者而言，英国司法实务有类似情形下的裁判观点加以支撑，即公司法关于 16 岁以下自然人不得担任董事规定虽会导致董事任命无效，但不影响影

---

① 仅以我国台湾地区有关规定为例外。依据我国台湾地区“公司法”第 8 条第 3 项规定，影子董事及事实董事之身份均为“非董事”。

子董事和事实董事责任的承担；[①] 同理，仅有自然人可出任董事之要求也仅影响董事任免的有效力，并不影响法人主体构成影子董事、事实董事，并承担相应的责任。

若采取第一种理解，则影子董事、事实董事制度以配套法人董事制度为宜，否则便需要参考英国立法做例外情形规定，或参照我国台湾地区有关规定将影子董事、事实董事规定为“适用董事责任的非董事”。若采取第二种理解，则影子董事、事实董事制度无须以法人董事制度为必要，但仍需要解释论上的努力以及相应的司法观点积累。无论作何理解，立法承认法人董事的地位将使法人主体构成影子董事或事实董事更无障碍。同时，若相关法人主体直接出任董事，则显然可直接根据董事的身份向此类主体追责。

如此一来，就委派董事之股东的信披违法行政责任问题而言，似乎是影子董事、事实董事制度对法人董事制度具有一定的依赖，而法人董事制度则无须以影子董事、事实董事制度为条件。因此，有必要讨论法人董事制度的引进及其解决力的问题。

（二）我国立法中法人董事制度的缺位

目前，我国公司法未对法人董事作出明确规定，学界一般认为我国尚未建立起此类制度。[②] 例如，《公司法》第一百四十六条[③]规定了不得担任公司董事的具体情形，但此类情形均是针对自然人而进行规定。而在工商登记中，相关登记部门也往往要求董事提供个人身份证件。此外，证监会颁布的《上市公司

---

① 参见葛伟军．英国公司法要义［M］．北京：法律出版社，2014。

② 参见官欣荣．法人董事制度与公司治理——对“肯定说”的商榷与修法建议［J］．法学，2007（12）：123-124。

③ 《中华人民共和国公司法》第一百四十六条：有下列情形之一的，不得担任公司的董事、监事、高级管理人员：

（一）无民事行为能力或者限制民事行为能力；

（二）因贪污、贿赂、侵占财产、挪用财产或者破坏社会主义市场经济秩序，被判处刑罚，执行期满未逾五年，或者因犯罪被剥夺政治权利，执行期满未逾五年；

（三）担任破产清算的公司、企业的董事或者厂长、经理，对该公司、企业的破产负有个人责任的，自该公司、企业破产清算完结之日起未逾三年；

（四）担任因违法被吊销营业执照、责令关闭的公司、企业的法定代表人，并负有个人责任的，自该公司、企业被吊销营业执照之日起未逾三年；

（五）个人所负数额较大的债务到期未清偿。

公司违反前款规定选举、委派董事、监事或者聘任高级管理人员的，该选举、委派或者聘任无效。

董事、监事、高级管理人员在任职期间出现本条第一款所列情形的，公司应当解除其职务。

章程指引》第九十五条也明确公司董事为自然人。[①] 不过，有学者指出，我国现行法上实际存在一定程度的允许法人董事存在的制度空间，例如《中华人民共和国中外合资经营企业法》第六条[②]、《中华人民共和国中外合作经营企业法》第十二条第 1 款[③]均规定“中外合营者的一方担任董事长”，《中华人民共和国合伙企业法》第二十六条[④]规定也允许法人担任执行事务合伙人，上述规定均带有一定程度的允许法人董事之意味。[⑤] 此外，结合我国 2005 年公司法修法前

---

① 《上市公司章程指引》（2019 年修订）第九十五条：公司董事为自然人，有下列情形之一的，不能担任公司的董事：

（一）无民事行为能力或者限制民事行为能力；

（二）因贪污、贿赂、侵占财产、挪用财产或者破坏社会主义市场经济秩序，被判处刑罚，执行期满未逾 5 年，或者因犯罪被剥夺政治权利，执行期满未逾 5 年；

（三）担任破产清算的公司、企业的董事或者厂长、经理，对该公司、企业的破产负有个人责任的，自该公司、企业破产清算完结之日起未逾 3 年；

（四）担任因违法被吊销营业执照、责令关闭的公司、企业的法定代表人，并负有个人责任的，自该公司、企业被吊销营业执照之日起未逾 3 年；

（五）个人所负数额较大的债务到期未清偿；

（六）被中国证监会处以证券市场禁入处罚，期限未满的；

（七）法律、行政法规或部门规章规定的其他内容。

违反本条规定选举、委派董事的，该选举、委派或者聘任无效。董事在任职期间出现本条情形的，公司解除其职务。

② 《中华人民共和国中外合资经营企业法》第六条：合营企业设董事会，其人数组成由合营各方协商，在合同、章程中确定，并由合营各方委派和撤换。董事长和副董事长由合营各方协商确定或由董事会选举产生。中外合营者的一方担任董事长的，由他方担任副董事长。董事会根据平等互利的原则，决定合营企业的重大问题。

董事会的职权是按合营企业章程规定，讨论决定合营企业的一切重大问题：企业发展规划、生产经营活动方案、收支预算、利润分配、劳动工资计划、停业，以及总经理、副总经理、总工程师、总会计师、审计师的任命或聘请及其职权和待遇等。

正副总经理（或正副厂长）由合营各方分别担任。

合营企业职工的录用、辞退、报酬、福利、劳动保护、劳动保险等事项，应当依法通过订立合同加以规定。

③ 《中华人民共和国中外合作经营企业法》第十二条：合作企业应当设立董事会或者联合管理机构，依照合作企业合同或者章程的规定，决定合作企业的重大问题。中外合作者的一方担任董事会的董事长、联合管理机构的主任的，由他方担任副董事长、副主任。董事会或者联合管理机构可以决定任命或者聘请总经理负责合作企业的日常经营管理工作。总经理对董事会或者联合管理机构负责。

合作企业成立后改为委托中外合作者以外的他人经营管理的，必须经董事会或者联合管理机构一致同意，并向工商行政管理机关办理变更登记手续。

④ 《中华人民共和国合伙企业法》第二十六条：合伙人对执行合伙事务享有同等的权利。

按照合伙协议的约定或者经全体合伙人决定，可以委托一个或者数个合伙人对外代表合伙企业，执行合伙事务。

作为合伙人的法人、其他组织执行合伙事务的，由其委派的代表执行。

⑤ 参见许德风．论法人董事与代表人董事——兼议董事独立性的界限［J］．法学，2015（3）：85-86。

部分学者主张纳入“董事须为自然人担任”的明确限制要件而最终颁布法律未采纳此类意见的相关事实，① 主张立法层面为法人董事制度留有一定空间也不无道理。

（三）引入法人董事制度之辩

在我国法学界，是否引入法人董事制度并不是一个新话题。赞成者主要认为，首先，在实务中已出现大量事实“法人董事”现象的情况下，规定法人董事制度以明确法人及其代理人的权责，有利于维护法人股东的合法权利，还能起到监督法人股东行为的作用；② 其次，法人董事还具有改善董事会职能、发挥法人股东治理力量的功能；③ 最后，法人董事制度应当作为公司治理的选择之一，让公司在考虑各方诉求的情况下自由选择是否采用法人董事制度。④ 反对者则主张，一方面，法人董事受其行为能力限制，行使权利需指派自然人代表，由此便可能产生法人董事与自然人代表责任划分问题、法人董事与自然人代表利益冲突、法人董事委派代表的规则与法定董事选任程序冲突等复杂法律关系问题；⑤ 另一方面，法人董事制度的产生有其特殊的历史条件，就目前我国国情来看无此必要性。⑥

此外，我国台湾地区虽确立了法人董事制度，但近年来废除该制度的声势却逐渐浩大。我国台湾地区于 1946 年“公司法”修订时引入法人董事制度，于 1966 年以“以应需要”为由增订“政府得当选为董事或监察人”，并在后续的“修法”中仅做文字调整以符合规定实际运作的情形。⑦ 我国台湾地区现行“公司法”第 27 条第 1 项明文规定，政府股东或法人股东得当选为董事

---

① 参见王保树．中国公司法修改草案建议稿［M］．北京：社会科学文献出版社，2004。

② 参见赵旭东．有限责任公司的改造与重塑——《公司法》相关内容的修改建议［J］．政法论坛，2003（3）：28；林承铎，吴涛．法人董事理论与立法选择［J］．南京大学法律评论，2006（春季号）：46；许德风．论法人董事与代表人董事——兼议董事独立性的界限［J］．法学，2015（3）：91。

③ 参见林少伟．法人董事之可能与构建［J］．北方法学，2020（4）：62-63。

④ 参见黄爱学．法人董事制度的法律分析［J］．西部法学评论，2012（2）：96-97；林少伟．法人董事之可能与构建［J］．北方法学，2020（4）：70。

⑤ 参见官欣荣．法人董事制度与公司治理——对“肯定说”的商榷与修法建议［J］．法学，2007（12）：121；林少伟．法人董事之可能与构建［J］．北方法学，2020（4）：59。

⑥ 参见官欣荣．法人董事制度与公司治理——对“肯定说”的商榷与修法建议［J］．法学，2007（12）：119。

⑦ 参见林仁光．公司法第 27 条法人董事存废之研究［J］．台大法学论丛，2011（1）：253-267；廖大颖．评公司法第 27 条法人董事制度——从台湾高等法院 91 年度上字第 870 号与板桥地方法院 91 年度诉字第 218 号判决的启发［J］．月旦法学杂志，2004（112）：197-213。

或监察人，但须指定自然人代表行使职务。① 台湾地区学者认为前述法人董事制度存在以下弊端：首先，政府或法人自身及其代表人可同时出任董事或监事，严重破坏公司内部治理；其次，当董事必须依法承担民事、刑事或行政责任时，根据台湾地区有关规定，难以明确法人董事及其代表人之间的责任关系，也容易产生争议；最后，法人董事可随时改派其代表人的规定，更使相关问题变得更加复杂，存在影响股东平等之虞。故不乏台湾地区学者呼吁应废除法人董事制度，② 或至少在现有规定的基础上增设法人出任董事的限制、法人董事委派代表的限制。③

但是，学者们讨论法人董事制度的引进或存废多是宏观视野下的高屋建瓴，而较少地针对某一具体问题。近年来，逐渐有学者在讨论法人董事制度时，将"董事委派"现象作为引入法人董事制度的背景之一，隐隐表明该制度可作为"董事委派"现象的应对之法。在此类主张看来，市场对"委派董事"这一潜规则的选择恰好说明了市场主体对法人董事制度的需要及接纳，对此法律宜予一般性的承认。④

（四）法人董事的责任

鉴于在法人董事制度下，出任董事的法人限于其行为能力，须委派相应的代表人，以代表其行使相应的董事职权，由此产生的问题是在相关主体需要承担责任的场合，究竟是法人承担责任，还是其代表人承担责任？若仅有一方承担责任，另一方又是基于何种缘由免于责任？

此类问题在实务中常有争议，以至于不乏学者将此类问题视为法人董事制度的内生缺点，并将其作为反对引入法人董事制度的理由之一。实际上，该问题可简可繁。从简而言，此类问题可以在立法时加以解决。以《法国商法典》为

---

① 我国台湾地区"公司法"第27条："政府或法人为股东时，亦得由其代表人当选为董事或监察人。代表人有数人时，得分别当选，但不得同时当选或担任董事及监察人。"

② 参见林仁光．公司法第27条法人董事存废之研究［J］．台大法学论丛，2011（1）：253-267；黄鸿霞．政府或法人股东代表当选为公司董监事相关法律问题——公司法第27条第2项规定之商榷［J］．万国法律，2000（110）：62；林国全．法人代表人董监事［J］．月旦法学杂志，1999（49）：16-17；林国全．股份有限公司董事民事赔偿责任之追究［J］．月旦民商法，2003（创刊号）：63；廖大颖．评公司法第27条法人董事制度——从台湾高等法院91年度上字第870号与板桥地方法院91年度诉字第218号判决的启发［J］．月旦法学杂志，2004（112）：197-213。

③ 参见邵庆平．再论公司法第27条——公司治理强化下的另一种思考［J］．财产法暨经济法，2005（2）：130-131。

④ 参见许德风．论法人董事与代表人董事——兼议董事独立性的界限［J］．法学，2015（3）：94；林少伟．法人董事之可能与构建［J］．北方法学，2020（4）：70。

例，其第L225-20条在明文规定法人可出任董事的同时，还规定了法人董事及其代表人视同为一名董事，履行同等义务并承担同等责任，即法人董事与其代表人承担连带责任。[①] 但是，若法规无明确规定，则就涉及了法律解释论的问题。例如，我国台湾地区因未明文规定董事与其代表人之间的连带责任，致使其理论及实务界过去对此类问题一直争论不休、没有定论。[②] 不过，近年来我国台湾地区司法实践开始形成共识，多采取“两位一体”的观点，即“公司法”下以董事为对象的规范同时及于法人董事本身及其代表人，二者负有连带责任。[③]

总之，尽管法人董事制度事实上存在董事信义义务承担者与实际履职者分离的情况，但就目前的主流观点看，可以大体上认定法人董事与其代表人承担连带责任。

（五）法人董事制度的解决力

如前文提及的部分学者观点，法人董事制度似乎正是应对“董事委派”“董事席位瓜分”的良方。简言之，“董事席位瓜分”的现象足以说明公众公司股东存在“控制”董事权力的需求，若制度侧能供给相应的规则，则在很大程度上能解决这些市场主体的需要。

基于上述推理，在引进法人董事制度后，相关股东将从原先的委派董事，改为由自身直接出任董事。在相关股东具有法定董事身份的情形下，监管部门在信息披露违法违规案件中对其追责将无任何障碍。但问题恰恰正在此处。市场主体需要的不仅是“身份”或是更加合法、有效的“控制”，同时还有对责任和风险的规避，若被追究行政处罚责任的风险大大增加，则衡量成本收益后，恐怕少有市场主体会作出相应选择。

因此，仅有市场主体在委派董事和直接出任董事面临同等风险时，法人董事制度才能对“董事席位瓜分”格局下责任问题具有解决力。而影子董事、董事制度恰恰能通过对委派董事之股东进行追责，进而平衡前述两种法人股东控制路径各自所面临的风险。从这一角度看，法人董事制度同样对影子董事、事实董事制度具有依赖性。

---

① 参见居荣．法国商法（第1卷）[M]．罗结珍，等译．北京：法律出版社，2004。

② 参见林承铎，吴涛．法人董事理论与立法选择［J］．南京大学法律评论，2006（春季号）：45-46。

③ 参见刘连煜．公司法第27条第2项法人股东对于财报不实案件之连带赔偿责任［J］．月旦裁判时报，2020（6）：45-46；林少伟．法人董事之可能与构建［J］．北方法学，2020（4）：60。

二、镜鉴与改造：构建多层次立法下追责路径

（一）构建信披违法案件“董事身份”追责路径

通过前文讨论，就影子董事、事实董事及法人董事制度可以概括出以下基本结论。

第一，影子董事的构成要件：（1）相关主体未经法定程序选任；（2）相关主体经常性地对公司部分董事或全部董事发出指示，且此类指示不属于专业人士专业建议的范畴；（3）相关主体的指示在客观上被公司董事会遵循。

第二，事实董事的构成要件：（1）相关主体未经法定程序选任；（2）相关主体行使专属于董事的职权；（3）相关主体构成公司治理结构的一部分。

第三，影子董事与事实董事认定在举证义务上无特殊安排，即由主张相关主体构成影子董事或事实董事的一方承担举证义务。

第四，影子董事与事实董事的责任范围大体上与经法定程序选任董事一致。

第五，为实现对法人主体的追责，影子董事与事实董事以配套法人董事制度为宜，但未必以法人董事制度为必要条件。

结合上述结论，为实现对委派董事之股东的信披违法责任的追责，可参照域外法的相关规范，构建如下追责路径。

1. 不区分影子董事与事实董事

如前文所述，目前，影子董事与事实董事的区别仅限于：（1）间接控制与直接控制的区别；（2）对董事会决议影响力的区别。而就委派董事之股东的语境来看，恐怕难以依据上述两点进行明确区分。

关于间接控制与直接控制的问题，就公众公司中委派董事之股东而言，由于其多数为法人，一些“控制手段”恐怕难以简单地归类为“间接”或“直接”。例如，委派董事之股东可能会将受委派董事作为其了解公司运营情况的“窗口”，通过受委派董事获得公司的财务信息、经营信息，并利用自身的机关进行审核、调查，如前文提及的委派监事之股东组建专门小组进行“暗访”、形成研究报告，此类情形可能更接近于直接控制。

而就对董事会决议的影响力来说，公众公司董事会决议得到一致通过乃是常态；一旦其董事投出反对票、弃权票，则此类情形往往会被视为异常情形而招致监管部门及投资者的关注。如此一来，受委派董事在大多数时候的表态都会与董事会决议的态度一致，而受委派董事的表态又往往可视作是依据委派董事之股东

的指示行事，故从客观角度来看，无论委派董事之股东实际“控制”多少董事会席位，其指示在大多数场合都会为董事会所“遵循”。因此，从其对董事会决议影响力的角度也无法区分此类情形下相关主体构成影子董事还是事实董事。

综上所述，我国立法在构建信披违法追责路径时，无须刻意区分影子董事与事实董事，仅需将归责之主体明确为“直接或间接行使董事职权之人”。

2. 采用推定方式认定责任主体

尽管参照域外法经验，影子董事及事实董事的认定遵循“谁主张，谁举证”的举证义务分配原则，但英国法在影子董事认定规则的发展历程中也曾发展出一定的推定规则，即 Millett 法官在 Re Hydrodan（Corby）Ltd 一案中提出的“行为模式”推定规则。在“行为模式”推定规则下，法院可以通过审查案涉董事会是否在客观上业已形成特定行为模式的基本事实，从而推定此类董事会成员在主观上是否达到经常性听命于影子董事的状态。诚然，此类推定规则所要求的基本事实在实务中恐怕仍难以证明，而后续英国司法实务放弃了此类推定规则，转而直接降低了相关事实的证明标准，但此种发展历程足以体现推定规则在影子董事、事实董事认定问题上的适用空间及可能。

鉴于在信息披露违法违规案件中若将举证义务完全分配给证监会稽查部门，将给其增添过高的负担，最终使监管部门可能难以依据此类路径对相关主体进行追责。因此，可参考证监会在内幕交易案中采取的推定规则，在信息披露违法违规案件中以推定的方式来对相关责任主体进行认定。

关于内幕交易案中的推定规则，主要是指证监会根据相关主体存在“联络、接触知情人”和“证券交易活动与内幕信息形成发展过程高度吻合”的情况来推定其进行内幕交易的认定方式，[①] 从而使调查部门在无法收集到当事人

① 《最高人民法院、最高人民检察院关于办理内幕交易、泄露内幕信息刑事案件具体应用法律若干问题的解释》第二条规定：“具有下列行为的人员应当认定为刑法第一百八十条第一款规定的‘非法获取证券、期货交易内幕信息的人员’：……（二）内幕信息知情人员的近亲属或者其他与内幕信息知情人员关系密切的人员，在内幕信息敏感期内，从事或者明示、暗示他人从事，或者泄露内幕信息导致他人从事与该内幕信息有关的证券、期货交易，相关交易行为明显异常，且无正当理由或者正当信息来源的；（三）在内幕信息敏感期内，与内幕信息知情人员联络、接触，从事或者明示、暗示他人从事，或者泄露内幕信息导致他人从事与该内幕信息有关的证券、期货交易，相关交易行为明显异常，且无正当理由或者正当信息来源的。”

《最高人民法院关于审理证券行政处罚案件证据若干问题的座谈会纪要》第五条规定：“监管机构提供的证据能够证明以下情形之一，且被处罚人不能作出合理说明或者提供证据排除其存在利用内幕信息从事相关证券交易活动的，人民法院可以确认被诉处罚决定认定的内幕交易行为成立……内幕信息公开前与内幕信息知情人或知晓该内幕信息的人联络、接触，其证券交易活动与内幕信息高度吻合。”

知悉内幕信息的直接证据的情况下，可通过收集相应的环境证据来推断当事人应当知悉内幕信息。① 此类推定是“可反驳的推定”，如果当事人能够提出相反证据的，则不应适用“推定”规则推定当事人知悉案涉内幕信息。

证监会在信息披露违法违规案件中同样可以构建类似的推定规则，即证监会仅需证明相关股东具有委派董事的基本事实，便可推定此类委派董事之股东构成“直接或间接行使董事职权”的主体。同时，证监会还应在相关规则中明确此类推定认定方式允许当事人提出相反证据进行反驳。正如前文提及的“内幕交易隐蔽性和复杂性”等问题，委派董事之股东对受委派董事的指示情况同样是稽查部门难以查证的事实，若不构建类似的推定规则，将使此类追责路径形同虚设。

3. 参照“适用董事责任的非董事”定性相关主体之身份

此外，如前文所述，影子董事与事实董事制度以配套法人董事制度为宜。但鉴于法人董事制度的引进是一项“牵一发而动全身”的改革，故在构建相关追责路径时，仍应以我国未有法人董事制度为前提。在此前提下，在构建信披违法追责路径时，可参照我国台湾地区的有关规定，将被追责主体的身份定性为“非董事”，并明确其与经法定程序选任的董事负有同等义务与责任。

4. 整体审查行为，独立认定责任

从行为角度来看，委派董事之股东的行为与受委派董事的行为不宜区分进行审查。以委派董事常见情形为例，受委派董事可能很少仅依据其经验与专业技能来独立进行决策，而是将决策所需信息提供至委派董事之股东处，并经由此类股东之机关的分析、判断来作出决策。若将二者的行为孤立进行审查，则受委派董事的行为仅有向公众公司非董事提供公司决策信息这一项。进而，无论是从目前证监会的执法实践，还是社会普遍标准来看，相关董事在此类情形下很难说是足够勤勉、尽责。但是，若委派董事之股东确实运用其“集体智慧”勤勉、尽责地履行义务，在此类情形下对相关受委派董事课予行政处罚恐怕也有违常理。因此，在信息披露违法违规案件中，应整体审查委派董事之股东与受委派董事的行为。

而就责任承担的问题，二者在责任上应相对独立。此类认定方式是参照影子董事与事实董事制度构建“董事身份”追责路径的应有之义，即委派董事之

---

① 参见中国证券监督管理委员会行政处罚委员会．证券期货行政处罚案例解析（第一辑）［M］．北京：法律出版社，2017。

股东承担责任的基础是由于其负有与经法定程序选任董事同等之义务。换言之，其承担责任的基础并非是对受委派董事的替代责任，故受委派董事并不能因为委派董事之股东受到行政处罚而免于行政责任；[①] 其也非是参照共同侵权之法理来认定责任，故在责任认定时，无须以证明存在与违法行为直接相关的行为事实为必要。委派董事之股东就同经法定程序选任的董事一样，因为具有“董事身份”而承担相应的责任。当然，鉴于委派董事之股东的行为与受委派董事的行为通常需视作一个整体进行考察，以判断二者是否履行董事义务，是否足够勤勉，故当委派董事之股东受处罚时，受委派董事通常也不会“幸免于难”。但坚持二者在责任认定上应相对独立的观点，不但保证了此类追责路径逻辑上的周延，同时也将为实践中的一些例外情形留有空间，如受委派董事与委派董事之股东意见相左的情形。

5. 相关主体的申辩路径

关于上述追责路径下相关当事人的申辩路径，本文认为主要有以下两种路径。

第一种申辩路径，即相关当事人申辩其不构成“直接或间接行使董事职权之人”。在进行此类申辩时，相关当事人可参考域外法下影子董事与事实董事的认定规则进行申辩。例如，相关当事人可证明其并未经常性地向受委派董事下达指示，或列举多项事实主张从综合角度看其并未行使董事职权。但此类申辩路径在实务中恐怕难以成立，相关当事人既然选取了“委派董事”的治理安排，即意味着其希望能知悉公司情况，参与公司决策，而非只是当一个“甩手掌柜”。此时，若申辩其未下达指示，未行使董事职权，不但难以令人信服，恐怕也难以有适当的证据加以证明。

第二种申辩路径，即相关当事人申辩其已勤勉尽责地履职。相比一般董事就勤勉尽责义务的申辩，上述追责路径下的相关当事人在进行此类申辩时还应关注其监督、管理受委派董事履职的相关事实。

（二）信息披露违法违规领域优先立法之可能

1. 我国台湾地区有关规定优先针对上市公司引进相关制度

在讨论完毕前述追责路径构建的具体规则问题后，也有必要讨论此类追责

① 尽管有少数观点认为，受委派董事与其他公司雇员在法理上并无不同，应可一提适用雇主替代责任。但按照替代责任的理解路径，将与影子董事及事实董事的司法实践产生较大的冲突，故本文不采取此类观点。参见 Gehan Gunasekara，Alexandra Sims. Statutory Trends and the“Genetic Modification”of the Common Law：Company Law as a Paradigm ［J］. *Statute Law Review*，2005，26（2）：86-87。

路径构建的可行性。如前文所述，我国台湾地区 2012 年“公司法”修法时引入了影子董事及事实董事制度，并在修法时首先将新制度的适用范围限定为“公开发行股票之公司”。而在通过 6 年的司法实践后，我国台湾地区 2018 年“公司法”修订时删去了“公开发行股票之公司”的限定，将影子董事与事实董事之规范的适用范围拓展至所有类型的公司。由此可见，针对公众公司优先引进相关制度已有先例，并且也取得了不错的效果。

2. 证券信息披露领域的多层级法律法规体系为新制度试点提供条件

证券信息披露领域本身存在的多层级法律法规体系也为上述追责路径的优先试点提供条件。如图 1 所示，我国信息披露违法违规领域的法律法规体系可大致分为三个层次：国家法律法规、部门规章及交易所规则。相比国家法律法规在立法、修法时的审慎以及相对较长的修法周期，部门规章及交易所规则具有灵活、更新快的特点。

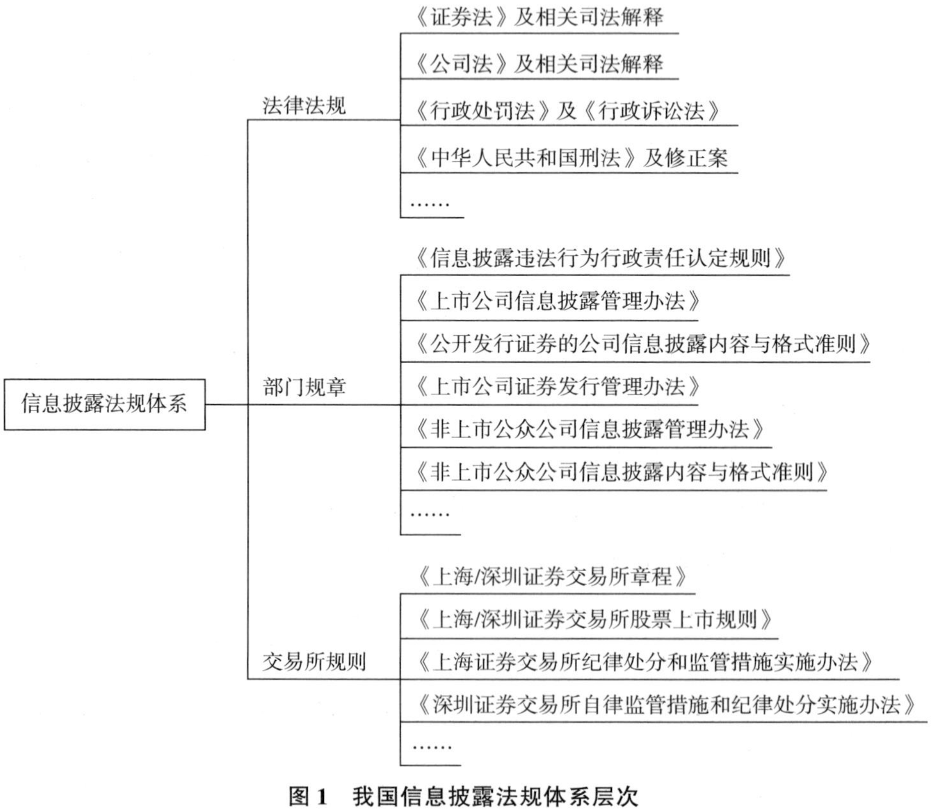

图 1　我国信息披露法规体系层次

因此，在构建上述追责路径时，可以先在部门规章及交易所规则中对相关规范进行规定，并根据执法实践再决定是否对上位立法进行调整。

此外，结合证券法修订后对交易所自律监管的强调①，如图 2 所示，我国目前对公众公司信息披露违法违规案件建立起一套多层次的追责体系，也能保证实现对相关主体的有效事前监管和事后追责。以上海证券交易所 2019 年自律监管情况为例，上海证券交易所全年共完成 70 家科创板上市公司的发行上市审核，同时累计采取监管措施或出具监管问询共 1599 份，处置异常交易行为 1715 起，采取书面警示等自律监管措施 2836 次，向监管部门上报操纵市场、内幕交易、老鼠仓等证券交易案件线索 177 件。② 此类数据足以说明多层次追责体系在实务中已起到一定的效果。

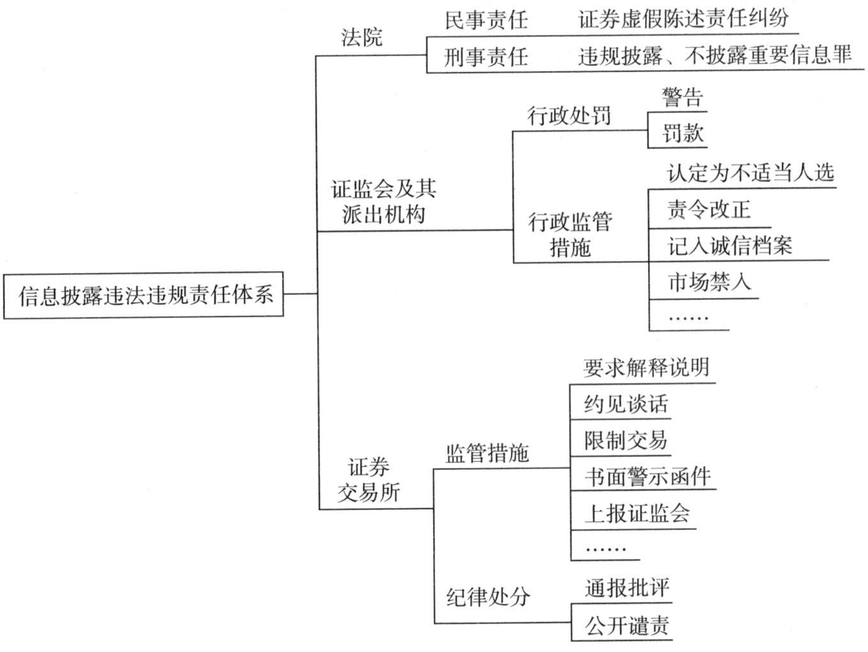

图 2　我国信息披露违法违规责任体系

① 参见夏东霞，杨婷．证券交易所自律监管的司法介入机制——《证券法》（2019 年修订）项下的再审视［J］．证券法律评论，2020。

② 参见中国证券投资者保护基金有限责任公司．投资者保护状况蓝皮书：2020 年总报告［EB/OL］［2021-03-16］．http：//cchoya1.qd2009.com/finance/pc/zhuanti/20201203/%E3%80%8A%E4%B8%AD%E5%9B%BD%E8%B5%84%E6%9C%AC%E5%B8%82%E5%9C%BA%E6%8A%95%E8%B5%84%E8%80%85%E4%BF%9D%E6%8A%A4%E7%8A%B6%E5%86%B5%E8%93%9D%E7%9A%AE%E4%B9%A6%EF%BC%882020%EF%BC%89%E3%80%8B%E6%80%BB%E6%8A%A5%E5%91%8A.pdf。

3. 增加公众公司违法违规责任主体制度构建的影响较为可控

若直接就整体公司法规范引进影子董事、事实董事或相近制度，则法院将被动地等待不确定的债权人就相关问题提起诉讼，既有可能出现案件过多，给法院带来过高的办案压力，也有可能出现案件过少，无法实测相关制度的情形。相反，在信息披露违法违规案件中，是否启动相应追责路径的选择权掌握在监管部门之手。监管部门完全可以自行决定是否启动对相关主体的追责，并且可以决定选择哪一类的案件作为首批处理的典型案件。如此一来，尽管上述监管部门对追责问题的自由裁量可能存在不利于公共利益保护的风险，但通过行使此类裁量权，监管部门可较好地控制、管理新制度引入后造成的影响，并可根据执法实践及时调整相关规范的适用问题。

此外，此类制度构建的直接结果是增加信息披露违法违规案件中的责任主体，与目前的监管态势并不相悖，同时无损于公众利益，在监管部门可自行决定是否增加相关责任主体的情况下，其影响也相对可控。

(三) 多层次立法的互动共生

承接前文所提及的证券信息披露领域的多层次法律规范体系及责任体系，在构建委派董事之股东信息披露违法违规责任追责路径时，也应当考虑多层次立法的问题。具体而言，本文有如下建议。

首先，就证券交易所规则层面，本文建议在证券交易所股票上市规则中增加有关“直接或间接行使董事职权之人”的相关规范。例如，目前《上海证券交易所股票上市规则》第十一章第十二节规定了上市公司实际控制人、控股股东的信息披露义务，若构建上述追责路径，则可考虑在该部分增加对“直接或间接行使董事职权之主体”的相关规范，并在第十七章释义中明确此类主体包括“委派董事之股东”。

同时，在监管实践中，交易所作为一线监管者也需要根据实际情况采取一定的监管措施和纪律处分。例如，交易所在进行发行上市审核时，可就股东委派董事事项、委派董事之股东就委派事项的相关内部规定进行问询，以避免相关股东怠于监督受委派董事；此外，若发现委派董事之股东存有不当行为，交易所也可进行通报批评，并向证监会及其派出机构上报违法违规线索。

其次，在证监会规章层面，可明确“直接或间接行使董事职权之主体”可构成信息披露违法违规案件中的责任主体，并明确可采用推定的方式认定责任主体、此类主体可参照适用董事相关规范承担董事的责任与义务。例如，可在修订《认定规则》时加入如下规范："发行人、上市公司董事、监事、高级管理人员之外的其他主体，实质上直接或间接行使公司董事职权的，应当根据有关董事的法律、行政法规、规章和规范性文件，以及证券交易所业务规则等规定，视情形认定其为直接负责的主管人员或其他直接责任人员""发行人、上市公司股东向上市公司董事会推荐或委派董事的，推定其构成直接或间接行使董事职权"。

此外，考虑到证监会处罚委所编写的案例分析书籍经常作为证券市场从业人员、证券合规律师把握监管态度的重要参考，证监会可在办理典型案例后，将相关案例编入此类案例分析书籍中，在分析论述部分明确上述追责路径的法理基础为域外法的影子董事及事实董事制度，并明确提出证监会目前不加区分影子董事及事实董事的具体情形、采用推定的方式将委派董事之股东认定为责任主体、将相关责任主体的身份定性为"适用董事责任的非董事"、独立认定委派董事之股东与受委派董事各自的责任、对委派董事之股东追责不以积极参与信披违法行为为前提等具体适用规范。

最后，鉴于公司法修订现已提上全国人大议事日程，故在考虑构建上述信披违法追责路径时，也需要考虑与公司法修订联动的问题，即本次修法是否需要像我国台湾地区 2012 年"修法"般"激进"，直接在公司法中规定相关非董事主体承担董事同等的民事、刑事、行政责任？此类问题已超出本文的范畴，却也说明信披违法违规领域优先确立相应的追责路径在当前具有特殊意义：通过交易所、证监会及其派出机构的执法实践，立法者可考察相关规则在实务中的适用情况与市场对此类规则的回应态度，进而为是否拓展现有"董事"之定义的修法提供实证参考。

不过，同时也需要考虑公司法修订的进度问题。若公司法修订在较短时间内完成，则上述追责路径可能尚未构建完毕，或尚未积累足够的实践经验，不足以作为立法参考。那么，本次公司法修订至少需要维持目前的董事定义，而不能明文将董事限于自然人，否则可能将对信披违法违规领域构建上述追责路径产生障碍。

三、结论

向参股的公众公司委派董事，是商事主体在衡量收益与风险后作出的理性选择。但当此种选择同时意味着不正当利益的获取，则立法者对此予以回应也是应有之义。具体而言，监管部门在信息披露违法违规案件中的严厉处罚是事后威慑机制，其目的在于敦促公众公司的董事就信息披露事项勤勉尽责地履职。但是，目前我国尚缺乏对部分委派董事之股东的信披责任追责机制，相关的行政处罚责任仅能及于受委派董事，而未能及于其背后的股东，则将使此类行政处罚的威慑力大打折扣，甚至可能“激励”股东参与或漠视公司的信披违法违规行为，进而有悖于社会公平观念和一般法理，并造成证券监管处罚逻辑的混乱。如此一来，委派董事之股东规避其自身风险的举措，也将成为对社会公益的侵害。

立法者在对上述问题进行回应时且可参考两种回应方式。其一为影子董事与事实董事制度，通过将经常性地对董事发出指示，其指示在客观上会被公司董事会遵循的相关非董事主体认定为影子董事，将行使专属于董事之职权、构成公司治理结构一部分的相关非董事之主体认定为事实董事，使相关主体可以被追究行政处罚责任。其二为法人董事制度，允许法人主体直接出任公司董事，使其直接承担相关的行政责任。经分析研究，考虑到委派董事之股东多为法人，影子董事与事实董事制度宜与法人董事制度相配套，否则需通过立法专门规定明确法人主体可构成影子董事与事实董事，或依据相关法理承担董事责任与义务。而就法人董事而言，其问题则在于相关主体可能缺乏动力选择法人董事的治理安排。

参照域外法经验，本文认为我国可参照影子董事与事实董事制度尝试构建以下信披违法追责路径。首先，限于公众公司的特殊情况，无须刻意区分影子董事与事实董事，仅需将归责之主体明确为“直接或间接行使董事职权之人”；其次，可参考证监会在内幕交易案中所采取的推定规则，在信息披露违法违规案件中以推定方式来对相关责任主体进行认定，即证监会仅需证明相关股东具有委派董事的基本事实，便可推定此类委派董事之股东构成“直接或间接行使董事职权”的主体；最后，构建追责路径时仍需以未有法人董事制度为前提，可参照我国台湾地区的有关规定，将被追责主体的身份定性为“非董事”，并明确其与经法定程序选任之董事负有同等义务与责任。鉴于我国证券信息披露领域也有多层次法律规范体系及责任体系，在构建委派董事之股东信息披露违法违规责任追责路径时，也应当考虑证券交易所自律规则、证监会部委规章和国家法律的多层次立法问题。

市场实践

注册制下注册会计师从事证券服务业务归位尽责问题研究

尹晓燕　郑　妍　史凤娇*

摘　要：注册制改革的核心是信息披露，要求坚持“三公”原则，强调市场信息真实、准确、完整。注册会计师鉴证业务是资本市场信息披露重要一环，注册制改革对注册会计师理念定位、规范执业、勤勉尽责等提出了更高要求。本文从行业、市场、法治等方面对注册会计师执业现状进行分析，挖掘问题，分析原因，并提出改进对策。

关键词：注册会计师　证券业务　归位尽责

中国资本市场，包括会计师事务所在内的中介机构，是市场投融资活动的重要参与主体，也是信息披露、投资人保护制度得以有效实施的“看门人”。从审批制到核准制再到注册制，监管层和资本市场对中介机构的责任要求和能力要求与日俱增。

一、注册制改革对注册会计师行业的新要求新变化

（一）注册制改革对注册会计师行业提出新要求

注册制以信息披露为中心的理念及其配套措施落实落地，是对市场生态的重塑。相较于核准制，注册制重构市场责任体系、定价体系、信息披露体系和监管惩戒体系。在注册制下，监管部门通过监管措施安排，要求发行人“讲清

* 尹晓燕，吉林证监局信息调研处处长；郑妍，吉林证监局信息调研处四级调研员；史凤娇，吉林证监局信息调研处四级主任科员。

楚”，督促中介机构“核清楚”，帮助投资者“看清楚”。对于中介机构及相关人员未能勤勉尽责的惩戒力度明显提高，在行政责任、民事责任以及刑事责任等多层面进行规制。因此，注册制下中介机构及其人员理念、职责、定位都发生了转变，对其内部管理、规范执业、勤勉尽责等提出了更高要求。

作为资本市场“看门人”，尤其是财务信息把关的关键一环，会计师事务所必须承担更多把关责任，面对更为严峻的担责赔偿风险。能否真正归位尽责，提升执业质量，直接关系到注册制改革的顺利推进。

（二）注册制改革对注册会计师行业带来的积极变化

无论是从市场环境、法治环境的变化，还是会计师事务所本身看，中介机构的角色和首要目标正在从以闯关为目标的“可批性”，向为投资者提供有质量的标的“可投性”转变，更多从投资者可读性、可理解性来核验信息披露。

1. 会计师事务所方面

会计师事务所风险意识有所增强，归位尽责意识正在逐步形成，体现在普遍性地加强内部管理、质控复核，对于业务承接、发表意见也更趋谨慎。尤其是头部会计师事务所，从保护品牌形象、带动行业诚信文化进行了一些思考和探索。审计机构在承接阶段即实施更加谨慎的甄选和判断，倾向于发表更加趋严的意见，非标意见数量上升，非标事项集中在持续经营问题、资金占用与违规担保风险问题等，对于退市风险的揭示更为精准，对于以市场化手段提升信披质量发挥了良好作用。

2. 市场环境方面

（1）新从事证券业务事务所有序稳步进入。新证券法和刑法修正案（十一）实施后，门槛放开的同时，加大了对违法行为惩戒力度。由于惩戒机制到位、风险宣讲到位。两年多时间里，全国证券所从 40 家增加到 73 家（截至 2021 年 9 月 6 日），未出现大规模涌入情形。新增证券所规模总体呈现三三制分布，即收入超过 1 亿元、1000 万元至 1 亿元、低于 1000 万元的各占三分之一，分布较为合理，整体情况平稳有序。

（2）双向化选聘力度加强，市场化进出效果显现。注册制改革的实施显著扩大证券服务业务市场份额，提供了推动行业良性竞争加剧的市场契机。2020 年，IPO 审计及验资收费超过 34 亿元，平均收费超过 850 万元，分别增长了 123.5%和 14.9%，7 家证券所证券业务收入增长 50%以上。2020 年审中，部分头部证券所强化风险源头把控，主动辞任高风险客户，以 IPO 增强抵消存量，逐步提升客户质量。在市场中，风险存疑公司难以找到提供审计服务机构的情形也时有发生。

3. 法治环境方面

（1）证券纠纷特别代表人诉讼落地实施，会计师事务所承担连带赔偿责任。随着证券法、《最高人民法院关于证券纠纷代表人诉讼若干问题的规定》的发布实施，证券纠纷代表人诉讼制度逐步落地。康美药业证券虚假陈述责任纠纷案成为我国第一例证券纠纷特别代表人诉讼。在已判决的中安消、华泽钴镍、金亚科技等虚假陈述责任纠纷案中，相关审计机构因存在过错被分别判处承担15%、100%不等的连带赔偿责任。

（2）行政监管持续加强。2020年，证监会及其派出机构共对6家会计师事务所及其注册会计师进行了6家次、12人次的行政处罚；对31家会计师事务所及其注册会计师采取了118家次、254人次的行政监管措施，较2019年分别增加了20家次、39人次。

二、存在问题及注册制下面临的挑战

注册制改革的核心是以信息披露为核心，而作为信息披露把关的重要一环，在会计师事务所从事证券服务业务方面，既有理念转变不够、独立性不强等行业自身问题，也有市场环境、法治环境等方面新问题新挑战。

（一）会计师事务所方面

1. 执业理念转变不够

从备案工作了解情况看，对于新从事证券服务业务的审计评估机构，从对有限股东负责转变为对公众投资者负责，其风险意识、责任意识、底线意识与监管要求、市场发展需求相比，差距较大；对已从事证券服务业务审计评估机构，虽然合法合规意识已经形成，但以质量为导向的理念贯彻不够，风险责任意识仍有待提高，为全体、潜在投资者负责的角色转变不够到位。

2. 执业独立性不强

独立性是注册会计师执业的灵魂，是保证审计信息可信性的关键。实务中发现，为了承接、保持审计业务以及长期密切合作等原因，注册会计师往往很难保持完全客观、公正的审计态度，对独立性造成普遍影响，甚至有时会触碰职业道德底线，选择性忽视或帮助公司财务造假，严重影响执业质量及审计意见的公正性。有些会计师事务所鉴证与非鉴证业务未分离，两类业务共享客户资源、客户信息及执业人员，看似更具有竞争力和可持续性，却破坏了会计师执业最根本的原则——实质上的独立。

3. 内部管理有待加强

执业质量是会计师事务所的生命线，风险意识、执业能力、质控制度的有效执行等都对审计项目质量产生重要影响。实务中发现，审计项目缺少或忽视对重大错报风险的识别和评估、缺少内部控制有效性的测试、关键审计程序执行不到位、缺少或错误评估已发现错报是否广泛而重大等执业问题仍频繁出现，事务所风险导向审计方法未能在审计项目中充分体现，整体执业水平仍有较大提升空间。部分新证券所、小所，没有建立与证券市场业务相配套的内部管理、质控制度、流程，抗风险能力和民事赔偿能力也堪忧。

（二）市场环境方面

1. 头部承压、基层内卷

随着注册制、新三板改革深入推进，证券服务业务量激增，新从事证券服务的机构、人员逐渐增多，行业竞争“马太效应”进一步加剧。以 2020 年为例，IPO 公司数量为 394 家，同比增长 96%，IPO 审计平均收费超过 850 万元，比上年度增长 123.5%。按照上市公司数量计算的市场集中度（按某个指标排名前列的会计师事务所数据占行业份额）有所上升。IPO 项目、收费高项目集中在头部大所，大所承接业务过多，承压过大，存在承接能力、风险承受能力不匹配的现象。

收费逐年增长主要源于上市公司数量增加，审计收费均值及中位数呈下降态势。以 2020 年度为例，上市公司审计收费同比增长 11.1%，与上市公司数量增长持平；审计收费均值为 165.5 万元，中位数 90 万元，较上年略有下降。

与 IPO 高收费相比，大部分传统上市公司的年审收费普遍偏低，且增长缓慢，出现了竞争内卷化现象。以吉林辖区为例，45 家上市公司 2020 年审平均费用 95.6 万元，其中，17 家年审费用占资产总额比例低于 0.01%。近 5 年，12 家年审费用没有变化，4 家年审费用增长不超过 10 万元；而近 5 年，国内生产总值（GDP）上涨 36.12%。

竞争内卷化直接导致成本压缩、购买审计意见、质量难以保证等问题。新所、小所+高风险项目的组合较为常见；个别问题突出的事务所连续承接其他事务所放弃、迟迟不能披露年报的风险项目。整体来看，高度市场化选择机制不够彻底，激励“质量竞争”、约束“数量竞争”的良性行业生态尚未完善，导致风险叠加和累积。

2. 人才不足、后续乏力

注册会计师非执业会员的占比较高。根据中注册网站公布数据计算，2017年1月至2020年6月，全国注册会计师执业会员增长7.07%，而非执业会员增长39.57%。越来越多的考生通过注册会计师考试，却没有选择从事审计业务。人才紧缺，工作劳动强度大，出差频率高，相对收入不高，造成了非执业会员远远高于执业会员的结果。

对于证券业务来说，与业务收入快速增长相比较，执业会计师规模增长相对较慢。截至2021年6月底，证券所注册会计师34453人，相较于2020年6月底的32113人，增长约为7.29%；2020年，证券所收入总额为574亿元，较上年度增长11.4%。截至2021年4月末，在29家新增证券所中，有12家平均注册会计师人数不足15人，执业人员较少。

（三）法治环境方面

1. 职责边界需进一步厘清

证券法对于勤勉尽责的要求比较宽泛，中介机构职责边界相关配套法规规则还需进一步完善。一方面，发行人、被审计公司与会计师事务所的责任需要厘清。根本上是，会计责任和审计责任的区分。在实践中，发行人有问题，中介机构被认为一定有问题。应以法规规则的完善来实现风险导向的合理保证理念与法律上的勤勉尽责的有机结合。另一方面，各中介机构之间的责任需要厘清。保荐承销机构、会计师事务所、律师事务所职责分配的逻辑是以专业为中心，但各中介机构“审慎核查”“特别注意义务”“一般注意义务”的内涵没有界定。

2. 多头监管难以协同

在注册制改革涉及各中介机构中，会计师事务所具有特殊性。会计师事务所监管具有多头监管、原则监管的特点。在主管部门、监管部门、行业自律组织之间存在政策目标不协同、职责交叉、重复监管等问题，协调性不够，效率不高。原则监管导向客观造成了监管尺度、标准、口径不统一的问题。上述情形使职责边界的界定更难以操作。

三、问题产生原因

（一）资本市场会计师事务所选聘机制及报酬支付机制不完善

在资本市场中，（拟）上市公司是审计机构选聘及报酬支付的主体，（拟）上市公司选聘审计机构需经审计委员会和独立董事把关，并应经股东大会审议通过。在实践中，审计机构筛选及价格的确定在很大程度上仍然由实际控制人或管理层确定，由公司支付费用，实际控制人、管理层对审计报告质量要求往往低于投资者。尤其是在 IPO 审计中，审计费用往往直接与 IPO 是否成功直接挂钩，收费往往是年审费用的若干倍，导致重价格轻质量，重过关轻风险，加剧了审计市场不正当竞争现象。

（二）会计责任、审计责任界限不清

会计责任与审计责任通过受托关系联系在一起，尽管理论上能够明确区分会计责任与审计责任，但在实践中，会计人员与注册会计师存在信息不对称以及能力、判断方面的差异。注册会计师是因过失还是故意导致未发现财务舞弊难以明确判断；注册会计师在一定程度上需基于管理层提供的财务信息作出职业判断，基于错误财务信息作出的职业判断很可能导致整体风险审计方向存在错误，进而必然导致审计失败，而事后公司往往掩盖、转嫁责任，会造成会计责任与审计责任界限难以划清。

四、对策建议

（一）压实审计机构责任，提供高质量资本市场鉴证服务

1. 切实转变观念，牢固树立资本市场“看门人”职责定位

督促会计师事务所以促进资本市场高质量发展为己任，重新审视自身与注册制要求之间的差距。按照充分、一致、可理解性的标准提升核查把关披露信息水平。以注册制改革为契机，将理念的转变落实到行动上，打造具有资本市场理念和提供高水平鉴证服务的会计师事务所。

2. 从利益驱动机制入手，强化立场的独立性

立场不存在偏差是独立性的基础，也是归位尽责的前提。改进会计师事务所从事 IPO 业务的收费模式，防止与发行人利益过度绑定。审计收费，反映审计机构的角色、责任、风险和服务，不应取决于发行是否成功及发行规模。加强会计师事务所对业务承接、承做、质控人员与发行人、被审计公司的利益冲

突审查，增强独立性。

3. 加强内部管理

督促会计师事务所对组织架构、业务流程等进行全面梳理，对照注册制的新特点新要求作出有针对性的调整变化，真正实现“一体化”。加大力度积极引导和鼓励会计师事务所不断完善内部管理，健全考核激励、执业风险防范机制，严格客户甄选，把好“入口关”，规范具体执业行为，强化质控部门在业务承接、风险评估等的审核把关作用。提升科技化水平，建立数据中心等，加强外部核验，打造数字化管理服务体系。

（二）不断健全市场机制，构建良好的市场环境和行业生态

1. 遏制不正当竞争，净化行业生态

遏制低价竞争、购买审计意见等不正当竞争行为，树立以质量为导向的理念，有序良性竞争。一是建议由中国注册会计师协会制定分类分级收费标准，引导行业收费有序，减少不正当竞争。对于证券服务业务收费标准，多方开展调研，出台指导性意见。二是拓宽举报渠道、发放适量奖励等方式鼓励相关主体对不正当竞争行为进行举报。三是继续加大对高风险项目+小所、换所项目的审查力度。四是鼓励和引导会计师事务所明确自身执业能力、业务定位、赔偿能力等，走特色化、精品化的发展道路，细化执行不同种类业务的独立性规章制度。

2. 完善执业质量评价体系，引导优胜劣汰的良性竞争

推动主管部门、监管部门、自律组织定期集中发布会计师事务所及从业人员数量、质量、检查结果、惩处情况等，充分发挥社会和舆论监督作用，引导市场主体有效选择执业质量高的机构和人员，健全市场正向选择机制，运用市场化机制扶优限劣。引导被审计公司的正向选择，促进双向化选聘和优胜劣汰的良性竞争机制的形成。

（三）加大执法力度和加强制度供给并重，营造良好法治环境

1. 坚持“零容忍”，持续加大对违法违规行为打击力度

贯彻落实新证券法及配套措施，继续加大检查力度和对违法违规行为的追究力度，加强事中事后监管，综合运用行政监管措施、行政处罚、刑事追责等手段，坚持全链条追责、人所并罚，突出经济罚。进一步压实资本市场“看门人”责任，倒逼会计师勤勉尽责。

2. 完善规章体系，明确履职尽责标准明晰职责边界

以注册制改革和落实新证券法为契机，推动涉及注册会计师行业的配套制度和政策出台，在监管规则体系中做好授权性条款和衔接性条款，进一步明确勤勉尽责标准。加强对中介机构责任认定及担责标准研究，合理划分中介机构职责边界，利用好北京、上海金融法庭及相关司法配套制度，以案促法，打造出一套中介机构责任边界体系。

3. 构建科学合理的监管协作机制，切实提升监管效能

从顶层设计角度，加强与财政部、中注协等部门的协作，提高目前已被市场认同的、达成共同标准的监管口径、尺度的法律层级，推动不同部门之间监管尺度、标准的统一，提升监管质效。推进各辖区财政部门、注册会计师协会构建信息共享机制、协同监管机制等，增强监管、检查协同性，构建分工、配合更加顺畅的综合监管体系。

区域性股权市场股权业务现状、问题及改进

——基于交易成本理论

刘帅帅*

摘　要：区域性股权市场是我国多层次资本市场的重要组成部分，在推动中小微企业直接融资等方面发挥着积极作用，但是依然面临市场功能发挥不畅的问题。本文深入研究区域性股权市场存在的问题、原因，运用交易成本理论对区域性股权市场和同类机构的交易成本进行对比分析，提出降低交易成本的具体构想——中小微企业股权服务三层业务架构，以期提升区域性股权市场的市场功能，提高资源配置效率。

关键词：区域性股权市场　交易成本　股权业务

中小企业是发展经济、推动创新、促进就业、改善民生的重要力量，是市场经济中数量最大、最具活力的主体企业群体。2020 年 3 月 1 日正式实施的证券法明确区域性股权市场是我国多层次资本市场的重要组成部分，承担着服务中小微企业的重要使命。但是，自 2008 年第一家区域性股权市场——天津股权交易所成立以来，经过十余年的探索发展，整个行业仍然存在市场功能发挥不足的问题，市场交易寡淡、股权融资欠佳，无法满足中小微企业股权转让、发行的需求。

---

* 刘帅帅，中证机构间报价系统股份有限公司数据治理部高级经理。本文仅代表个人观点，与任何单位无关。

一、问题的提出

2019 年 6 月，中国证监会主席易会满在向全国人大常委会所做专项报告中提出，运用好区域性股权市场是促进中小企业股权融资标本兼治的根本性措施之一。同时，选择若干区域性股权市场开展制度和业务创新试点，补齐多层次资本市场体系短板也被列为证监会全面深化资本市场改革的 12 个方面重点任务之一。在这一背景下，研究区域性股权市场的制度和业务创新方向，健全市场功能，具有重要的现实意义。有鉴于此，本文深入剖析区域性股权市场存在的问题及原因，运用交易成本理论对区域性股权市场的挂牌服务及类似服务进行对比测度，并以此为基础，提出降低交易成本的具体构想——中小微企业股权服务三层业务架构，从而提升当下区域性股权市场的市场功能，提高资源配置效率，以期为区域性股权市场制度和业务创新试点提供参考。

二、文献回顾与思考

新制度经济学认为，一种制度的存在是为了降低交易成本，从而实现资源的有效配置。诺贝尔经济学奖得主罗纳德 · H. 科斯提出了交易成本概念。关于交易成本的构成方面，不同的学者指出的具体构成不同，但都是交易发生时，伴随交易整个过程所产生的所有费用。罗纳德 · H. 科斯围绕契约流程进一步研究，认为在契约的签订和实施过程中，一些额外的支付是不可避免的，指出“为了进行市场交易，有必要发现谁希望交易，有必要告诉人们交易的愿望和方式，以及通过讨价还价的谈判缔结契约，督促契约条款的严格履行，等等”。德尔曼从交易过程的角度分析了交易成本的构成，认为契约签订前，交易双方相互了解交易意愿等需要耗费时间和资源；决定签约时，需对交易条件的决定支付成本；契约签订之后，还需对执行契约以及控制、监督对方履约支付成本。

在交易成本具体测量方面存在一定争议。一些学者认为，交易成本中收集信息、谈判和签约等费用涉及人的时间、精力的耗费，较难用货币衡量，无法准确计算。如亚历山德拉 · 贝纳姆和李 · 贝纳姆列举了几个方面：没有普遍认可的术语，对交易成本的不同定义引发对测量问题的争议；生产和交易成本相互影响，对交易成本的单独估计变得相当困难等。马格丽特指出，交易成本与国家的政治制度、文化习俗等有关，使交易成本难以量化。另一些学者则认为，虽然不能够精确地计算交易成本，但还是可以通过间接的方法进行近似计算。威廉姆森提出了采用序数比较的方法测度交易成本。张五常指出，测度分为基数测度和序数测度，原则上交易成本是可观察到的，可以采用基数进行测度，但实际测度却存在困难，测度本身的费用很高，而采用序数测度便可以解决这个问题。

关于具体的金融行业交易成本测度相关研究较多。Stoll H. 和 Whaley R. E. 通过佣金与价差之和来计算交易成本，认为纽约证券交易所的交易成本占市场价值的 2%，而其他较小的证券交易所占 9%。Polski 将商业银行利息支出和非利息支出之和作为交易费用，对商业银行的交易费用进行了测度，得出美国银行业的总交易费用占总收入的比重从 1934 年的 69%上升到 1989 年的 85%，而到 1998 年则下降为 77%。

国内关于主板市场的交易成本研究较多。一是从冲击成本、买卖价差等微观角度研究流动性与交易成本的关系，如上海证券交易所定期发布的《上海证券交易所市场质量报告》。二是研究与股票收益率波动性的关系，如王晓玲认为印花税与股票收益率波动性具有正相关关系。三是研究与投资收益率的关系，如胡荣才、许涤龙研究得出单位交易成本与投资者收益率之间显著负相关。

至于区域性股权市场的交易成本相关研究基本空白。贾登伟结合国内产权市场分析了交易成本的具体构成。而区域性股权市场成立时间较晚，也没有可参照的境外同类市场，相关研究较为缺乏。现有研究更多聚焦于制度和政策层面的探讨，研究建议主要集中在放开交易方式限制、丰富产品种类、制定税收优惠政策、完善登记托管职能等。因此，为弥补现有研究空白，本文试图从交易成本的角度对区域性股权市场的服务产品进行分析研究，并提出降低交易成本的具体措施。

三、区域性股权市场的现状及问题

区域性股权市场是我国多层次资本市场的重要组成部分。《证券法》第九十八条规定："按照国务院规定设立的区域性股权市场为非公开发行证券的发行、转让提供场所和设施，具体管理办法由国务院规定。"

截至 2020 年底，全国 34 家区域性股权市场共有挂牌公司 3.47 万家（其中股份公司 1.36 万家），展示企业 12.93 万家，托管公司 5.24 万家（其中纯托管公司1.03万家）。股权转让方面，历年共计2085.63亿元，其中纯托管公司线下过户1690.56亿元（占81.06%），挂牌公司的股票转让358.25亿元（线上+线下，占17.18%）。另外，根据中国证券业协会对34家区域性股权市场运营机构（以下简称运营机构）的专项调研，2019年全年，全市场共交易1895笔，16家零交易，15家不超过100笔。发行方面，历年股权融资共计2936.41亿元，其中挂牌公司631.51亿元，展示企业507.93亿元，纯托管公司1796.96亿元。① 挂牌公司的转让、发行金额明显低于纯托管公司。如表1所示。

表1　区域性股权市场不同服务产品的相关数据

	挂牌公司	展示企业	纯托管公司	合计
数量（万家）	3.47	12.93	1.03	17.43
占比（%）	19.91	74.18	5.91	100.00
转让金额（亿元）	358.25	36.82	1690.56	2085.63
占比（%）	17.18	1.77	81.06	100.00
平均转让金额（万元）	103.24	2.85	1641.32	119.66
发行金额（亿元）	631.51	507.93	1796.96	2936.41
占比（%）	21.51	17.30	61.20	100.00
平均发行金额（万元）	181.99	39.28	1744.62	168.47

（一）目前区域性股权市场的服务产品种类

区域性股权市场提供的股权服务主要有三种，分别是挂牌、展示和股权托管。

区域性股权市场的挂牌企业可借助市场平台显示每日成交价格、集中存管登记并进行信息披露。其中，显示每日成交价格是为驱动交易，集中登记托管是为便于交割清算，信息披露是为便利投资人决策，三者都是为了降低交易成本、便利股权转让，进而促进股权发行融资。企业的挂牌实现了买卖双方线上转让、交割，但是不便于交易附加个性化条款。②

企业展示是指企业仅在区域性股权市场仅进行信息展示，而非挂牌转让。展示企业仅展示基本信息，缺少股权发行、转让信息，也缺少对企业进行深度

① 数据来源：区域性股权市场统计分析简报（2020年12月）。

② 收费上，由于各地经济发展程度、挂牌奖补政策的不同，区域性股权市场股改挂牌企业的各项成本也差异巨大，企业总成本（含中介机构服务费、运营机构挂牌费）少则9万元，多则115万元，且为事前收费。挂牌后，除部分运营机构不收服务费外，大部分企业每年仍需支付少则近1万元，多则30万元的费用。

挖掘、亮点包装。

企业股权托管是指将股权登记托管在区域性股权市场，既不挂牌也不展示，该类企业主要是公众公司、地方政府主管的金融企业。股权托管为该类公司股权发行、转让提供法律保障，有利于防控风险。

（二）区域性股权市场的定位及存在的问题

1. 区域性股权市场的定位

《国务院关于天津滨海新区综合配套改革试验总体方案的批复》（国函〔2008〕26号）①、《国务院关于推进重庆市统筹城乡改革和发展的若干意见》（国发〔2009〕3号）②、《国务院关于推进上海加快发展现代服务业和先进制造业建设国际金融中心和国际航运中心的意见》（国发〔2009〕19号）、《国务院关于同意支持上海张江高新技术产业开发区建设国家自主创新示范区的批复》（国函〔2011〕8号）等国家较早批复的区域性股权市场设立文件，政策定位均聚焦股权交易转让功能。

《证券法》第九十八条规定："按照国务院规定设立的区域性股权市场为非公开发行证券的发行、转让提供场所和设施，具体管理办法由国务院规定。"证券法中表述的提供场所和设施，笔者认为，与市场的经济学解释是一致的，是一种促进商品流通的高级形式，通过制度设计，降低交易成本，促进交易更加便利的实现，这既包括制度上的设计，也包括实体的设施服务。

十几年来，虽然区域性股权市场的业务范围由全国变为区域③，服务对象由公众公司变为非公众公司，但国家对区域性股权市场交易、转让的功能定位是一以贯之的。在遵循政策要求的前提下，区域性股权市场着力探索发展契合中小微企业股权发行、转让特点的服务和产品。但是，运营机构在探索过程中存在两方面不足。

一是过度依赖行政力量汇聚企业资源。在区域性股权市场发展过程中，主

① 《国务院关于天津滨海新区综合配套改革试验总体方案的批复》（国函〔2008〕26号）中明确"要为在天津滨海新区设立全国性非上市公众公司股权交易市场创造条件"。

② 《国务院关于推进重庆市统筹城乡改革和发展的若干意见》（国发〔2009〕3号）中"加快发展多层次的资本市场，适时将重庆纳入全国场外交易市场体系"。

③ 《国务院办公厅关于清理整顿各类交易场所的实施意见》（国办发〔2012〕37号）要求，各类交易场所设立的分支机构，由分支机构所在地的省级政府负责清理整顿。《国务院办公厅关于规范发展区域性股权市场的通知》（国办发〔2017〕11号）明确"区域性股权市场不得为所在省级行政区域外的企业私募证券或股权的融资、转让提供服务。对不符合本条规定的区域性股权市场，省级人民政府要按规定限期清理，妥善解决跨区域经营问题"。

要依靠行政推动和奖补政策吸引企业挂牌。运营机构普遍认为，市场在汇集了一定数量的企业后，会像主板市场一样吸引投资者，形成良性循环，实现市场功能。本文认为这种观点存在偏差。主板市场交易成本较低，买卖双方不能选择其他交易场所，而区域性股权市场挂牌交易成本高且有其他选择，二者条件完全不同。市场的使命是降低交易成本，促进交易更加便利的实现，如果区域性股权市场交易成本过高，即使通过行政力量汇集了企业资源，买卖双方也会在市场外自行交易或选择交易成本更低的服务。

二是缺少对股权服务产品的研究创新。挂牌是一种促进股权转让的高级形式，买卖双方在市场中直接清算交割，产品标准化程度高。但是，挂牌业务没有充分挖掘中小微企业股权转让的特点，而仅仅是对交易所上市模式的简单模仿。交易所上市模式与股份的非公开发行、转让兼容性较差，并且不能附加对赌回购等个性化条款，不适合 PE/VC 投资，也无法体现区域性股权市场产品灵活、非标的特点。

2. 存在的具体问题

运营机构对自身定位认识不足，造成了发展方向的偏差，股权融资、股权转让等市场功能发挥不畅，具体表现在以下几个方面。

一是过度追求挂牌数量。在建立区域性金融中心背景下，扩大挂牌企业数量是区域性股权市场主管部门——地方金融局最主要目标之一。同时，挂牌费作为市场最直接的收入，也在不断促使挂牌企业数量盲目增长。

二是无序扩大挂牌范围。公司挂牌方面，部分运营机构模糊挂牌概念，忽视挂牌作为促进股份流动手段的初衷。人合性是有限公司的本质属性，本身即定位于少数相识的人“合伙”管理公司，区域性市场不着力提升转让的灵活度，与有限公司的人合性存在天然矛盾。展示业务方面，展示只是挂牌的粗暴简化，不能推动企业股权流通。

三是服务覆盖率低。区域性股权市场作为区域内唯一的股权转让场所，挂牌、展示企业数量与区域内企业数量相比占比极低。优质中小微企业的 A 轮、B 轮等私募股权融资，PE/VC 等专业投资人的股权转让活动，基本上在区域性股权市场外进行。

四是服务产品匮乏。区域性股权市场现有的挂牌、展示两种服务产品，股权融资需求满足率不高，企业获得感差，缺少可以覆盖区域内所有中小微企业股权转让需求的服务产品。

四、同类机构的业务情况及交易成本分析

我国中小微企业数量多，发展千差万别，股权发行、转让的需求也各式各样，除了区域性股权市场提供股权发行、转让服务外，在激烈竞争的市场上还存在财务顾问、信息市场提供类似服务满足企业个性化需求。三类机构相互竞争，共同为中小微企业的股权发行、转让提供便利服务。

（一）财务顾问、信息市场的基本情况及特点

1. 财务顾问

此处财务顾问（Financial Advisor，FA）特指风险投资财务顾问，能为企业融资提供第三方的专业服务，主要作用是对接项目和资金，扮演企业融资中介角色。当前，国内较为知名的FA机构有华兴资本、泰合资本、光源资本、汉能投资、易凯资本等，有的FA机构有自己的直投基金参与跟投，有的机构专注一两个领域或轮次，另外，也不乏一些个人兼职FA，利用个人关系网撮合投融资双方。

一般来说，FA熟知融资项目所在行业，对项目有判断能力，熟识资金偏好，从而实现项目和资金的信息匹配、精准对接。对融资方来说，FA提供战略咨询、挖掘项目亮点、制作符合投资人需求的商业计划书、推进融资方与投资方的会面，拟定回购、对赌等具体条款以及打款交割登记等一系列服务；对投资方来说，FA提供合适项目推荐、协助尽职调查及后续相关服务，功能类似日常生活中的房产中介等其他中介。

在收费方式上，一般按提供的服务价值和融资额计算，大致可分为三类：一是纯撮合型的FA，仅仅介绍双方见面，一切关于投融资的交易安排由投融资双方磋商确定，一般收取融资额3%～5%的中介费用；二是提供部分服务的FA，对项目有一定包装能力，挖掘项目亮点、完善商业计划书，一般收取融资额4%～5%的中介费用；三是顾问型FA，可以对项目的商业模式提供有价值的建议，对促成交易有建设性意义，一般收取3%～5%的融资额和1%～3%的项目股权作为中介费用。

FA的服务对象比较广，从初创期到中后期的企业均涉及，项目金额从上百万元到几十亿元。近一两年，由于基金到期、募资压力、资管新规等因素影响，不少机构选择转让持有的项目股权。伴随着这类需求的增多，市场上也逐渐出现为老股转让寻找接盘的FA，收费一般为转让金额的3%～5%。

在缺少市场机构服务的状态下，交易需要双方进行信息搜寻、通过“点对点”的方式谈判协商，交易成功与否取决于双方意愿。理论上，4 个投资方、4 个融资方要实现全部会面共需要 16 次，在有 FA 提供服务的情况下，假设其可以实现投融资双方的精准匹配，实现同样效果仅需 8 次。

FA 的存在降低了投融资双方的信息搜寻成本、撮合成本，提升了匹配效率，减少了交易成本，提高了发行、转让效率（见图 1）。但对投融资双方来说仍然是一种点对点的交易。

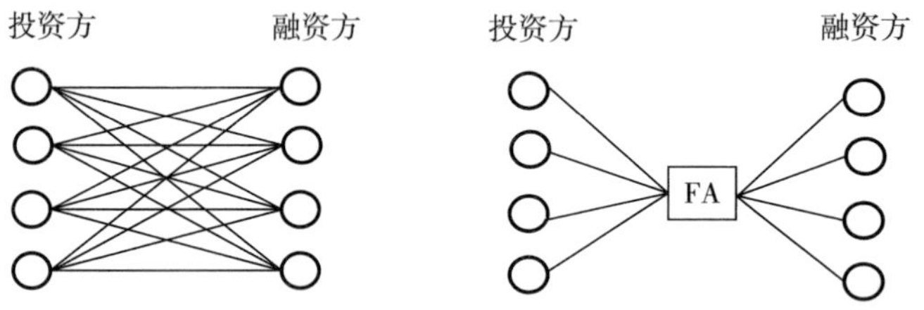

图 1　FA 的作用

2. 信息市场

由于信息技术、网络技术的发展，组织市场为股权发行、转让提供服务的难度大大降低，虽然在监管政策限制下，不能提供股权托管、清算交收等全流程服务，但一些信息服务商、FA 机构组织的以撮合交易信息为目标的市场也成为现实。通常认为，市场是将某种产品、服务或者资源的买方和卖方联系在一起的种机构或者机制。该类机构汇集投融资双方信息，通过各类服务手段实现双方的精准对接，降低了信息搜寻成本，符合市场的定义，因此本文称其为信息市场。

信息市场通过信息的汇集、筛选、分类，对投资人投资偏好的分析分类，在一定程度上实现信息的精准撮合。可以说，信息市场是股权买卖信息的集散地，是清单式的买卖信息平台。当前，国内信息市场主要有清科项目工场、鲸准、投融界、微链、股融易、聚份子、潜力股等。在市场品种上，以股权发行信息对接为主，股权转让信息对接为辅。

以清科项目工场和鲸准为例，可以把信息市场的收费模式概括为，基础服务免费，增值服务收取一定费用。对融资方来说，融资项目发布、限量联系投资方都是免费的基本服务，投资方也会收到符合自己筛选条件的限量的融资项目信息。如果融资方希望信息市场重点推送自己的项目或者不限量地联系投资方，就需要缴纳从几千元到几万元不等的增值服务费用。对投资方来说，不限量地联系融资方也需缴费。至于投融资双方的现场对接、协议拟定和打款交割等事项，完全由双方自主协商，信息市场不提供相关服务。

信息市场汇集了大量投资人和融资项目。截至2020年底，清科项目工场吸引PE/VC投资机构4000多家，专业投资人11000多人，融资项目超过87500个，累计为269家创业公司完成对接融资。[①] 鲸准汇集专业投资人55000多人，融资项目近94万个，累计对接融资157万余次，实现融资48.12亿元。[②]

中小微企业股权发行、转让具有灵活、多样、非标的特点，信息市场的线上信息撮合、线下自行协商的业务模式，比较契合该特点。投融资双方线下协商时，可以自行协商回购、对赌等各类个性化条款。不足方面，信息市场缺少对线下活动的把控力，造成后续服务缺失，业务链条短，有较大完善空间。另外，在盈利冲动下，部分信息市场对项目缺少筛选，存在乱收费现象。

FA、信息市场通过意向报价、与发行转让相关的信息发布的两个基础功能实现了信息撮合的服务，[③] 进而推动股权发行、转让。区域性股权市场依托股权报价、托管、信息披露和线上清算交割等基础功能为企业提供挂牌服务，通过便利股权转让进而推动股权发行。企业展示由于不涉及股权发行、转让相关服务，在优化资源配置方面无法发挥相关作用。三类服务机构通过不同基础功能的组合，提供了不同的服务产品，进而推动股权的发行、转让，实现资源配置（见图2）。

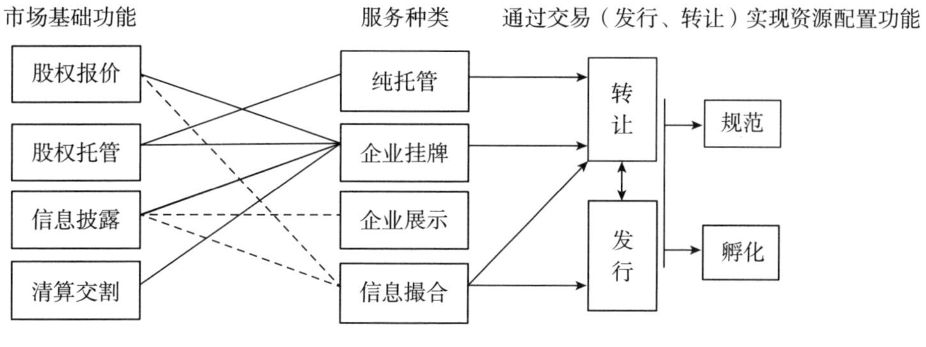

图2　股权服务机构功能

① 数据来源：http://www.pemarket.com.cn/。

② 数据来源：https://cloud.jingdata.com/#/home。

③ FA、信息市场的意向报价、与发行转让相关的信息发布类似区域性股权市场的股权报价、信息披露，图2中使用虚线表示。

与交易所市场类似，股权转让与股权融资有着密切的联系，两者相互促进、相互制约。一方面，股权融资为股权转让提供了对象，决定了股权转让的规模，是股权转让的前提；另一方面，股权转让使股权的流动性特征显示出来，从而有利于股权融资的顺利进行。

因此，交易功能是市场核心功能，不仅推动直接融资，也是实现规范、孵化等功能的基础。持续的股权转让给予企业持久规范的动力，投资人在股权转让中发现企业价值，进而孵化企业进入高层次资本市场。规范、孵化等功能是转让功能的衍生功能，如果核心功能不能实现，衍生功能只能是无本之木、无源之水。

（二）交易成本分析

新制度经济学认为，交易费用是制度的源泉，制度的使命就是要促成有序的交易，不断降低交易成本，不断提高交易效率。科斯认为，市场是方便交换而存在的制度，市场的存在是为了减少开展交易活动的成本。市场的经济性具体体现为交易成本的低廉。证券交易场所运行的基础是交易，交易的达成是资源配置得以进行的前提，交易成本直接影响市场资源配置的效率。因此，本文尝试从交易成本的角度对比分析 FA、信息市场、区域性股权市场的三类服务产品。

从交易过程看，交易成本主要包括搜寻成本、信息成本、议价成本、决策成本、监督履约成本、违约成本几方面。

FA 的服务降低了投融资双方的搜寻成本、议价成本，通过专业服务降低了信息成本、决策成本，但是在监督履约成本、违约成本方面缺少服务。假设 f_1 为佣金，m 为监督履约成本与可能存在的违约成本之和，FA 服务的交易成本为：

$$C_1 = f_1 + m$$

信息市场的服务降低了投融资双方的信息成本、搜寻成本，在议价成本、决策成本、监督履约成本、违约成本方面缺少服务。假设 f_2 为服务费，n 为议价成本、决策成本、监督履约成本、违约成本之和，信息市场服务的交易成本为：

$$C_2 = f_2 + n$$

区域性股权市场的挂牌服务降低了搜寻成本、信息成本、议价成本、决策成本，同时提供资金、股权托管服务，显著降低了交易的监督履约成本、违约成本。那么，假设 P_1 为挂牌初始成本，P_2 为挂牌后每年固定成本，y 为挂牌年数，n 为交易（含发行、转让）次数，那么区域性股权市场挂牌企业的单次交易行为的成本为：

$$C_3 = \frac{P_1 + P_2 y}{n}$$

从上式可知，挂牌的单笔成本与交易次数 n 负相关，随着次数 n 的增加而降低，与挂牌初始成本 P_1、每年固定成本 P_2 及挂牌年数 y 正相关①。

建立坐标系，x 轴为交易频率，y 轴为单次费用，将三类服务的单笔交易成本做图如图 3 所示。

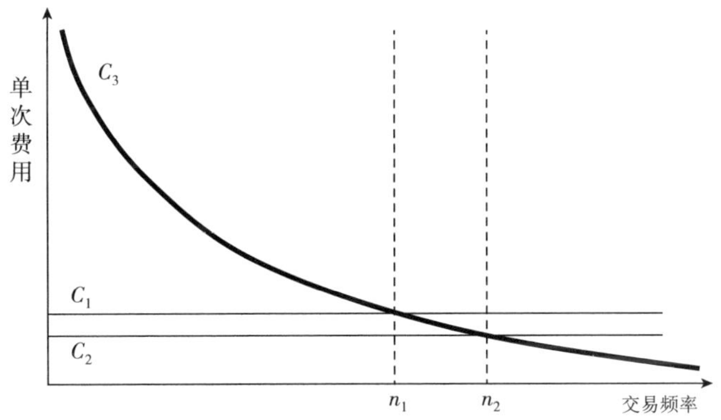

图 3　不同股权服务的成本坐标

从图 3 中可知，随着 n 的大小变化，存在以下几种情况：

1. 企业股权的交易频率较高，$n > n_2$ 时，$C_3 < C_2 < C_1$，区域性股权市场挂牌的单次费用最低，有竞争优势。

2. 企业股权的交易频率较少，$n < n_1$ 时，$C_2 < C_1 < C_3$，区域性股权市场挂牌的单次费用最高，缺少竞争优势。

3. 企业股权的交易频率介于 n_1、n_2 之间时，三者的单次费用相近。

4. n_1、n_2 的大小，与信息市场、FA 的交易成本成反比，与挂牌费用（含初始成本及各年成本）成正比。

在此基础上，分别测算 500 万元、1000 万元股权发行或转让金额的情况下，区域性股权市场挂牌服务在何种情况下优于 FA 服务，尝试测度适合挂牌

① 初始成本、每年固定成本均为企业所需承担的总成本，包括中介机构服务费、运营机构服务费等。

服务的企业数量。

假设条件：

1. 剔除监督履约成本、违约成本等较难量化的因素。

2. 单笔金额分别为 500 万元、1000 万元。FA 佣金比例 4%。区域性股权市场挂牌企业的发行、转让及费用计算区间为 2019 年、2020 年两个自然年度。挂牌服务的首次费用及挂牌后的持续费用均取对应运营机构的平均数。

经过对三家东部沿海地区运营机构挂牌企业发行、转让情况的调查，其挂牌企业的发行、转让次数之和需大于 7 次、3 次、2 次和 3 次、2 次、1 次方能较 FA 有优势，对应的挂牌股份公司数量分别占同类总数的 0. 25%、0、0. 04%和 0. 76%、0. 15%、0. 02%。[①]

需要注意：一是为了方便计算剔除的无法量化因素会使上述结果偏小；二是在佣金总额不变的情况下，可以多次分拆交易，即可以 500 万元交易 1 次，也可以 100 万元交易 5 次等，不分拆计算同样会使上述结果偏小。但是，根据中国证券业协会的专项统计，2019 年全年存在交易的挂牌股份公司仅占总数的 13%，因此，即使最乐观估计，适合挂牌的股份公司也不会超过目前挂牌股份公司总数的 13%。

由此可知，无论是企业还是提供相关服务的机构，都要根据不同的交易频次情况搭配不同的交易制度。比如，伦敦证券交易所根据股票的流动性和国别在八套交易系统上交易，视情况采用订单驱动、报价驱动或者混合方式[②]。同时，运营机构也应当认识到，挂牌适合股权交易频率较高的企业，没有提高交易频率的作用，因此，追求通过做市商、集中竞价等交易制度提高当下挂牌企业股权流动性的想法也只会事与愿违。

那么，如果忽视企业发展阶段、无视企业股权交易的阶段性特点，提供了不合适的股权服务，会出现什么结果呢？

一是大材小用。适合交易频率较高的服务用于交易频率较低的企业。主要会出现两种情况，一种是徒增企业费用、不能便利交易，如当下绝大多数的区域性股权市场挂牌企业、三板基础层挂牌企业，企业获得感不强，主动摘牌；

① 挂牌公司数为对应运营机构 2020 年底时点数。

② 参见皮六一．中国证券交易制度的设计与变革研究［D］．上海：华东师范大学，2013。

另一种是助长炒作投机，如河南技术产权交易所案例①。无论是哪种情况，对企业成长都没有益处。

二是小材大用。适合交易频率较低的服务用于交易频率较高的企业。这是人为的抑制转让需求、降低流动性，会抬高转让成本，催生地下、不规范的交易场所。20世纪90年代STAQ和NET系统被关闭、各地证券交易中心被清理以后，历史遗留的定向募集公司股份流通并不会停止，各种投资者通过各种方式，以各种不合规的形式获得法人股和内部职工股。正是合法流转服务的缺失，压抑了流转需求，催生了非法市场，游离于监管之外。

综上所述，从企业支付总成本的角度考虑，股权交易频率较低、发行、转让单笔金额较小时适合FA、信息市场的服务，股权交易频率较高、发行、转让单笔金额较大时适合区域性股权市场的挂牌服务。同时，一般认为挂牌企业流动性和流通股数量、股东人数成正比，和单位股东持股数量（流通股数量比股东人数）成反比。因此，随着企业规模、股东人数，从低到高，FA、信息市场和区域性股权市场构成了服务中小微企业股权发行、转让的多层次体系（见图4）。

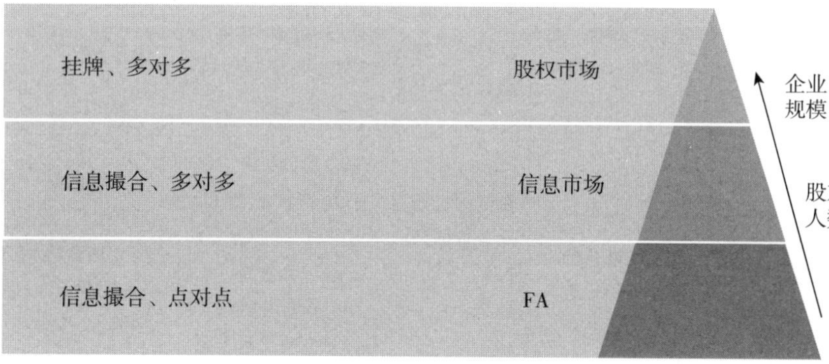

图4　中小微企业股权服务体系

五、区域性股权市场股权业务的改进

世界各地的证券交易制度一直处在变化发展之中，不同市场的证券交易制度不同，同一市场不同阶段的证券交易制度不同。作为场外市场的区域性股权

① 2010年11月，河南技术产权交易所引入集中竞价交易机制进行股票交易，成交火爆，交易6天后被有关部门叫停，河南省随后对交易所进行了风险处置。

市场，尤其处在初生阶段，更应该积极主动寻求变革，探索适合中小微企业的交易制度。

中小微企业数量巨大，情况千差万别，运营机构应根据融资者的特征分类组织差异化转让，满足市场多样化需求。不同发展阶段的企业对股权融资、转让的需求不一样，这个需求是从无到有，从低到高、伴随企业发展逐渐发展的，应根据不同阶段的企业，提供不同的、有竞争力的服务。

基于上文对FA、信息市场及区域性股权市场三者股权服务的分析，笔者立足区域性股权市场政策定位，结合中小微企业股权发行、转让特点，尝试构建了三层业务架构（见表2）。针对不同类型企业的股权转让需求，提供差异化服务，一般中小微企业提供基础服务，成长性较好的企业提供增值服务，规模较大、股东人数较多的企业提供标准服务。该模式具有“多层次、广覆盖、抓重点”的优势，实现对中小微企业股权服务广度和深度的有机统一。

表2　设想的区域性股权市场业务架构

	名称	特点	适合企业类型	注意事项	是否有地域限制
1	基础服务（信息市场）	线上撮合、线下自行协商	大量一般企业、股东转让需求	需加大信息技术、数据分析能力建设。FA也可开发项目进入信息市场	无地域限制
2	增值服务（信息市场+FA）	线上撮合、线下服务，全流程个性化服务	经过筛选的有投资价值、成长性较好的企业	发展FA团队，负责筛选高成长性的企业、线下推动协商。事前与企业签订投融资中介服务协议，事后按金额比例收费	无地域限制，吸收各地独立FA，在各地建立运营机构自己的FA团队，拓展业务空间
3	标准服务（挂牌业务）	标准化程度较高	规模较大、股东较多的极少数企业	从现有大量挂牌企业中准确筛选出适合的企业，其余企业及展示企业转入信息市场，需要注意的是，转入企业应有发行、转让需求	有地域限制

第一层是基础服务——信息市场。与市场上自发形成的投融资平台业务模式基本一致，信息市场提供线上撮合服务，线下双方自行协商，只要有股权发

行、转让需求的企业或股东均为目标客户。这对运营机构的信息技术能力、数据分析能力提出了一定要求，也是第二层业务的基础。该类业务可以借助行政力量快速汇集股权发行、转让信息，低收费或免费，从而快速形成规模效应，发挥公共服务平台作用。同时 FA 也可开发客户进入信息市场，展业同样不受地域限制。

第二层是增值服务——信息市场和 FA 组合。信息市场提供发行、转让信息的线上撮合服务，FA 负责线下服务，提供全流程的个性化服务。目标客户主要是信息市场中经过筛选的有投资价值、成长性较好的优质企业。FA 与企业事前签订投融资中介服务协议，事后按融资金额的约定比例收费。运营机构需要建立 FA 制度，可以跨区域组建 FA 团队，展业不受区域限制。

第三层是标准服务——挂牌业务。业务流程上与目前普遍的区域性股权市场挂牌业务相同，挂牌条件上建议增加企业股东数量、近年股权转让情况等要求，目标客户主要是规模较大、股东较多、股权转让较频繁的极少数企业。该层次企业有持久的规范动力，便于对接更高层次资本市场。

信息市场及 FA 的成本相对固定，信息市场汇集发行、转让方信息、投资方信息，通过一定制度设计，以信息技术、数据分析为工具，实现更精准的匹配，撮合买卖双方，降低信息搜寻成本。信息市场作为一种比中介更高级的组织形式，相比 FA，成本更低、效率更高，集聚效应明显，可以低成本地扩大服务覆盖面。

在信息市场覆盖广的基础上，运营机构利用自身资本市场的优势地位，进一步完善其业务链条短、线下服务缺少把控力的缺陷。建立 FA 制度，组建 FA 团队，结合信息市场和 FA 优势，对部分优质企业提供全流程服务，同时也可以培育甚至是直接投资优质企业，随着这部分企业发展壮大、股东人数增多，可以继续提供挂牌服务，甚至对接更高层次资本市场。也就是说，基于信息市场大量的项目数据，运营机构筛选挖掘并全程参与优质企业各阶段的股权活动，为其提供合适的股权服务并获取 FA 佣金、直接投资、挂牌服务等各类收益。

我国三十年资本市场发展历史，交易所市场取得长足发展，但场外市场的发展反反复复，一直未形成稳定健康的发展态势。经过多年发展，区域性股权市场已经有了一定基础。展望未来，各运营机构和其他相关各方应当重视市场需求、尊重市场规律，灵活解决广大中小微企业的非标化、多样化的融资需求，拓展资本市场边界，延伸资本市场触角，扎根，筑牢资本市场基础。

参考文献

[1] 罗纳德·H. 科斯. 企业的性质（1937）[M]//. 企业的性质——起源、演变和发展. 北京：商务印书馆，2007.

[2] 罗纳德·H. 科斯. 社会成本问题 [M]//. 企业、市场与法律. 上海：三联书店，1990.

[3] 亚历山德拉·贝纳姆，李·贝纳姆. 交换成本的测量 [M]//. 制度、契约与组织——从新制度经济学角度的透视. 北京：经济科学出版社，2003.

[4] 笪凤媛，张卫东. 交易费用的含义及测度：研究综述和展望 [J]. 制度经济学研究，2010（1）：225-241.

[5] 张五常. 定义与量度的困难 [J]. IT 经理世界，2003（18）：102.

[6] 王晓玲. 印花税税率调整、股票波动性风险与行业差异 [J]. 金融与经济，2009（6）：14-16.

[7] 胡荣才，许涤龙. 证券市场交易成本对投资者收益率的影响 [J]. 山东财政学院学报，2003（5）：44-48.

[8] 贾登伟. 基于交易成本理论的产权市场发展研究 [J]. 产权导刊，2020（8）：31-38.

[9] 王聪. 中国创业板和新三板流动性比较及分析 [D]. 武汉：武汉大学，2018.

[10] C. J. Dahlman. The Problem of Externality [J]. The Journal of Law and Economics，1979，22（1）：141-162.

[11] O. E. Williamson，The Economic Institutions of Capitalism [M]. New York：The Free Press，1985.

[12] H. R. Stoll，R·E. Whaley. Transaction Costs and the Small Firm Effect [J]. Journal of Financial Economics，1983，12（1）：57-59.

[13] M. M. Polski. Measuring Transaction Costs and Institutional Change in the US Commercial Banking Industry [EB/OL].（20000801）[20210413]. http：//citeseerx. ist. psu. edu/viewdoc/summary？doi=10. 1. 1. 201. 4735.

深化新三板改革对公司质量影响研究

叶　莹　于春娟*

摘　要： 提高上市公司质量是此轮资本市场深化改革的重点，也是上市公司监管的首要目标。本文从企业经营、公司治理、信息披露等方面，对深化新三板改革过程中市场运行情况进行分析。文章认为北京证券交易所上市公司通过公开发行获得经营发展融资支持，同时也受到公开市场的规范约束，公司总体质量明显提升，体现了新三板市场培育创新型中小企业的平台功能。但与此同时，受制于中小企业的业务规模和发展阶段，部分北京证券交易所上市公司的生产经营存在不确定因素，个别公司的规范运作水平仍有待提升，文章最后提出进一步提高北京证券交易所上市公司质量的思考和措施。

关键词： 北京证券交易所　经营业绩　公司治理　信息披露

为更好地服务中小企业创新发展，在中国证监会的坚强领导下，全国股转公司持续推进新三板全面深化改革。2020 年 7 月 27 日推出精选层，迈出改革关键一步。2021 年 9 月 2 日，习近平总书记宣布："深化新三板改革，设立北京证券交易所，打造服务创新型中小企业主阵地。"习近平总书记的重要讲话为新三板改革指明了方向，提供了根本遵循。2021 年 11 月 15 日，北京证券交易所正式开市，71 家精选层公司平移至北京证券交易所，10 家公司于开市当日上市交易，共有 81 家公司成为北京证券交易所上市公司。

* 叶莹，北京证券交易所上市公司管理部总监助理；于春娟，北京证券交易所上市公司管理部高级经理。本文仅代表作者个人观点。

一、公开发行有助于提升经营质量

由于金融资源供给不足，中小企业普遍存在长期资金缺乏的麦克米伦缺口（Macmillan Gap），对中小企业健康发展形成严重制约。[①] 世界银行 2018 年 1 月发布的中小微企业融资缺口报告显示，2017 年中国 5606.16 万家中小微企业的融资缺口约为 1.89 万亿美元，占 GDP 总额的 17%。[②] 目前，北京证券交易所近八成上市公司仍属于中小企业，公开发行募资及时补充了企业发展所需的资金缺口。北京证券交易所 81 家上市公司公开发行募集资金总计 182 亿元，平均每家募集 2.25 亿元，精准匹配企业技术研发、产能扩张和产业并购等方面的资金需求，有利于推动公司持续提升经营业绩，优化资产结构，加快技术转型升级，实现高质量发展。本文选取 2021 年半年报资产负债日（6 月 30 日）前已完成公开发行的 57 家北京证券交易所上市公司为研究对象。

（一）聚焦主业发展，大幅提升经营业绩

57 家公司公开发行募集资金中 77.09%用于产能扩建、科技研发等募投项目，22.91%用于补充流动资金和偿还银行贷款，助力公司克服新冠肺炎疫情和复杂多变外部环境多重压力，积极扩大生产销售规模，实现经营业绩“跨越式”增长。57 家公司 2021 年上半年实现营业总收入 241.79 亿元，同比增长 37.26%，远高于去年同期 2.03%的增速，实现归属于公司股东的净利润 26.61 亿元，同比增长 35.28%，相比去年同期 20.09%的增速，高出 15.19 个百分点。

（二）增强财务弹性，优化资产结构

经过公开发行，北京证券交易所上市公司的财务弹性大幅增强，能够动用持有的现金、使用丰富的再融资手段抓住未来可能出现的投资机会或应对不确定事件的冲击。[③] 具体来看：一方面，公司财务杠杆明显降低，长短期偿债能力增强。截至 2021 年 6 月末，57 家公司资产总额共计 715.16 亿元，同比增长 38.35%，平均资产负债率为 40.44%，同比下降 7.18 个百分点；平均流动比率

① 参见邓向荣，周密．“麦克米伦”缺口及其经济学分析［J］．南开经济研究，2005（4）。

② 参见 The World Bank Group. MSME Finance Gap：Assessment of the Shortfalls and Opportunities in Financing Micro，Small and Medium Enterprises in Emerging Markets［R］．2018。

③ 参见顾乃康，万小勇，陈辉．财务弹性与企业投资的关系研究［J］．会计与财务管理，2011（6）。

和速动比率分别是5.58、4.92，同比分别提升59.84%、69.00%。另一方面，公司资金流动性改善，投资规模显著提高。在上半年复杂多变的经济形势下，57家公司现金及现金等价物较期初仍增加13.61%；投资活动现金流量净额同比增长11.23%，其中购建固定资产、无形资产和其他长期资产支付的现金同比增长78.29%，为企业后续发展储备资产和能力。

（三）加大研发投入，实现成果转化

获取外部融资资源是促进企业研发投入的关键因素，金融发展水平对企业研发投入的正向影响对民营中小微企业更加明显①。公开发行后，57家公司更加注重创新驱动发展：一是持续增加研发投入，2021年上半年，57家公司研发费用合计11.16亿元，同比增长52.50%；平均研发强度4.61%，高于全社会预计研发强度2.21个百分点。其中，软件和信息技术服务业、医药制造业平均研发强度超过15%，微创光电、诺思兰德、数字人的研发强度超过30%。二是注重引进高端人才，截至2021年6月30日，57家公司本科及以上员工占比23.14%，同比增长1.04个百分点②；硕士及以上员工占比2.78%，同比增长0.15个百分点。三是科技创新成效显著，57家公司2020年合计新增专利696项，其中发明专利117项，平均每家公司累计拥有专利59项，其中，创远仪器完成毫米波5G分析仪的研发工作；贝特瑞主导制定并发布首个硅碳负极领域国家标准。

二、提高公众化水平有利于提升公司治理质量

北京证券交易所上市公司经过公开发行和连续竞价交易，股权结构大幅分散，第一大股东平均持股比例为36.14%，较公开发行前降低7.50个百分点；平均每家公司的股东人数为1.1万户，是公开发行前的45.79倍。随着公众化程度的大幅提高，北京证券交易所上市公司进一步加强规范意识，更注重强化公司治理和股东分红回报，持续加强投资者关系管理。

（一）完善公司治理机制，提升内部控制水平

北京证券交易所上市公司均已根据规则建立健全公司治理制度，不断完善公司治理机制。一是加强中小股东外部监督效应，北京证券交易所上市公司召

① 参见解维敏，方红星．金融发展、融资约束与企业研发投入［J］．金融研究，2011（5）。

② 新安洁员工学历普遍较低且员工总数多，因此剔除极值计算本科和硕士员工占比。

开股东大会提供网络投票方式；审议影响中小股东利益的重大事项时，对中小股东单独计票；单一股东及其一致行动人持股在30%以上的，股东大会在董事、监事选举中推行累积投票制，鼓励中小股东积极参与公司决策，有利于提高公司后续会计业绩和市场业绩。[①] 二是在依规设置独立董事专门职位基础上，充分发挥独立董事和专门委员会的监督作用。目前，北京证券交易所上市公司共聘请独立董事192人，共发表780份独立董事意见；共有37家北京证券交易所上市公司主动设立审计委员会，监督和指导公司财务和审计工作。三是积极提升内部控制水平，2021年有13家北京证券交易所上市公司主动披露2020年度内部控制自我评价报告，4家公司披露内部控制鉴证报告，严格按照上市公司标准提高内部控制有效性。

（二）利用股权激励工具，稳定核心团队

北京证券交易所采用连续竞价交易，促进股票交易活跃度提升，增强市场价值发现能力，显著增强了股权激励的吸引力和激励性。北京证券交易所上市公司积极运用股权激励工具留住人才，稳定团队。目前已有12家北京证券交易所上市公司披露了股权激励方案，包括股票期权激励计划、限制性股票等形式，2家北京证券交易所上市公司披露了员工持股计划，合计对1184名人员进行激励。8家公司（其中艾融软件2次）披露回购方案，均用于股权激励或员工持股计划，拟回购总金额上限合计为41.17亿元，公司按照激励与约束并重的原则设计激励方案，设定合理的业绩考核指标，充分调动高管和员工参与企业发展的主动性和积极性。

（三）注重股东回报，加强投资者关系管理

公开发行后，公司更加注重维护投资者关系。一是大幅增加分红力度。共有49家公司依据2020年年报进行权益分派，较上年增长44.12%。49家公司均采用现金分红方式，合计拟派发16.40亿元现金红利，较上年增长99.51%，派发红利金额占49家公司当期实现净利润的40.24%。同时，有20家公司搭配了送转方案，合计送转10.9亿股。二是半数公司多年持续分红。有27家公司已连续三年现金分红，有10家公司继2020年半年度、三季度分派后再次提出分派方案，与投资者持续分享业绩增长红利。三是强化与投资者的沟通互动。上市公司积极召开业绩说明会，数以万计的投资者参与，累计收到

① 参见黎文靖，孔东民．信息透明度、公司治理与中小股东参与［J］．会计研究，2013（1）。

数千条投资者提问，董事长或总经理等“关键主体”亲自回答投资者问题，形成了良好的互动氛围。

三、严格监管有效提升信息披露质量

北京证券交易所上市公司严格执行信息披露制度，信息披露的监管要求更加全面和细化，披露内容的充分性和有效性大幅提高。在证监会和北京证券交易所的严格监管下，北京证券交易所上市公司进一步规范定期报告和临时报告披露，信息披露质量明显提升。

（一）定期报告披露更具全面性和准确性

北京证券交易所对定期报告进行严格审查，适时进行公开问询，要求多家公司进行解释说明。从审查情况来看，公司定期报告的充分性和准确性有所提升。一是提高财务信息质量，多家公司增加了对股权投资、理财产品、以公允价值计量的金融资产的资金来源、项目进度、是否存在风险事项等披露内容，会计师事务所均对 2020 年年报出具了标准无保留的审计意见。二是充分披露核心技术和研发进展，较创新层和基础层公司增加披露科研成果、研发团队、研发投入资本化情况等信息，并详细分析研发进展对公司的影响。三是着重披露募集资金使用及资金占用情况，会计师事务所对年度募集资金的使用和存放出具鉴证报告，对资金占用出具专项审核意见，均未发现公司存在相关违规情况。四是注重 ESG 信息披露，上市公司均披露了承担社会责任的工作情况，其中，既有公司披露精准扶贫工作情况，也有公司披露环境保护相关措施。

（二）临时报告披露更具充分性和及时性

目前，北京证券交易所已发布 63 个临时公告模板，较为全面地规范了临时公告的披露内容。北京证券交易所对临时报告进行及时审查，通过出具公开问询函和关注函的形式，引导公司加强临时公告披露的及时性和合规性。一是充分披露重大交易，北京证券交易所上市公司严格按照规定披露对外投资、购买出售资产等重大交易公告，详细说明交易价格确定依据、交易对手方具体情况、是否存在业绩承诺等特殊安排等情况；独立董事和保荐机构针对关联交易发表专项意见，有效防止了股东权益受损。二是及时披露与股票交易相关的信息，北京证券交易所上市公司依法依规针对特定股东减持股票、股份回购、股票异常波动等披露交易相关公告，及时提示关键交易信息，保障股票交易的公平性。三是自愿披露有益信息，北京证券交易所上市公司在规则要求之外积极披露有益投资者决策的相关信息，自愿披露获得技术专利、专项证书、项目中标以及接待投资者调研情况的公告。

四、提高北京证券交易所上市公司质量的若干思考

国家“十四五”规划强调，要支持创新型中小微企业成长为技术创新的重要发源地。北京证券交易所将紧紧围绕打造服务创新型中小企业主阵地这个目标，积极探索建立适应中小企业创新发展的政策体系、制度体系、服务体系。目前，多数北京证券交易所上市公司仍属于中小企业，具有经营活动受外部环境影响大、业绩波动性强的特征，部分公司存在业绩下滑、大客户依赖等风险因素，个别公司存在未按规定审议重大事项、信息披露不及时等违规情况，规范运作水平仍有待提升。作为服务创新型中小企业的主阵地，北京证券交易所需支持上市公司利用资本市场“工具箱”持续创新发展，督促公司进一步提升规范运作水平，积极防控化解风险，构建促进创新型中小企业长期健康发展的市场环境。

（一）充分发挥制度优势，支持上市公司做优做强

一是拓宽直接融资渠道，做好再融资的规则解读和业务指导，鼓励公司通过发行普通股、优先股、可转债等融资品种，为公司创新研究、产业升级、扩大生产持续获取资金支持。二是提高投融两端活跃度，引导公募基金、私募基金加大投资力度，推动保险资金、社保基金等长期资金入市，提高市场流动性和投资者参与度，构建“投融两活”的市场生态。三是促进市场化并购重组，鼓励上市公司通过并购重组盘活存量、提质增效、转型发展，激发市场活力。四是提升激励约束效果，鼓励上市公司充分利用关于激励对象、方式和定价的灵活制度安排，运用限制性股票、股票期权、员工持股计划等多种方式，与公司核心团队共享业绩成果，吸引和稳定优秀人才，充分调动员工积极性。

（二）提高上市公司合规意识，提升规范运作水平

一是加强事前规范引导，定期开展合规培训，及时整理典型违规案例，传达监管要求，进一步提高北京证券交易所上市公司的合法合规意识。二是完善公司治理机制，引导北京证券交易所上市公司规范“三会一层”运作，督促董监高等“关键主体”归位尽责，严格按照上市公司标准完善内部控制制度，自

查整改内控缺陷，提高规范运作水平和风险防控能力。三是加大事后处罚力度，对于资金占用、违规对外担保、财务造假等严重违规情形，坚决予以严厉处置，保障市场的健康运行。

（三）优化信息披露体系，提升监管精准度

一是完善信息披露体系，以投资者需求为导向，优化定期报告和临时报告的披露形式和内容，实现披露内容简明易懂、重点突出、逻辑清晰，着力打造契合中小企业特点的信息披露体系。二是优化信息披露机制，研究推出信息披露直通车制度，改进 XBRL 编制工具的填报、校验、提醒功能，优化信息披露系统的便利性和实用性，促进上市公司提高信息披露质量。三是加强信息披露监管，优化升级科技监管系统，丰富上市公司对比数据库，提升市场监管等外部数据核验准确度，及时识别异常情况和风险事项，针对财务真实性、重大交易合规性、信息披露充分性等问题，综合运用公开问询、现场检查等监管手段，及时识别并处置违规行为，积极传递监管信号。

（四）寓监管于服务，提升市场服务质效

在管家式“一对一”沟通机制基础上，建立更加高效的服务机制，“即时响应”公司业务需求。“分主题、分主体”开展针对性培训，丰富课程内容，涵盖规则讲解、资本运作、投资者关系管理等内容，增设培训测评环节，强化培训效果，提高“关键少数”的专业水平和履职能力。积极调研走访北京证券交易所上市公司，摸清公司风险底数，主动上门“答疑解惑”，为企业“量身定制”提升公司质量建议，将市场服务落在实处。

中小市值股票市场流动性及流动性溢价实证研究

袁　野*

摘　要：本文对新三板原精选层公司（现北京证券交易所上市公司）流动性横截面效应和时序效应进行实证研究，结果表明：转板综合因子与股票流动性是显著的正向关系，“市值+盈利性”转板预期对股票流动性的边际影响相对更大；非预期市场流动性是重要的资产定价因子，可以解释股票超额收益约70%的正向变动；原精选层与科创板非预期流动性溢价差异主要源于不同层次市场间系统风险的差异，同时也与市场间规模效应、成长效应、投机效应等联动影响有关。根据上述研究结论，本文建议不断创新完善北京证券交易所（以下简称北交所）流动性提供机制、丰富指数化产品供给。

关键词：流动性　非预期市场流动性溢价　超额收益　转板

一、引言

流动性是资本市场组织交易和资产定价的核心内容。资本市场的流动性是指投资者根据市场的基本供给和需求状况，以合理的价格迅速交易一定数量资产的能力，或者说是迅速执行一定数量资产的成本①。充足的流动性，不但是资本市场功能有效发挥的基础，也是促进中小企业资本形成、激励其创新发

* 袁野，经济学博士，全国中小企业股份转让系统有限责任公司、北京证券交易所有限责任公司交易监管部高级经理。本文仅代表个人观点，与所任职单位无关。

① 参见刘逖．市场微观结构与交易机制设计：高级指南［M］．上海：上海人民出版社，2012。

展、服务实体经济的重要手段①。合理量化流动性与投资收益的相关性，具有重要意义。

自 1986 年 Amihud 和 Mendelson 提出收益—流动性关系假说以来，二者之间的关系一直是学术界和监管层探究的焦点②。其观点认为，股票预期收益是预期市场非流动性的增函数，主要原因是股票超额收益本质上是一种风险补偿，包含市场流动性风险的溢价成分。上述学说在国际上具有重要影响力，其中提出的 Amihud 指标也被广泛应用。在此基础上，Amihud（2002）通过分析流动性的时序效应，进一步论证预期市场非流动性与股票预期超额收益是正向关系，并指出上述关系具有一定规模效应，同时也对前期流动性横截面效应研究进行有力补充③。根据收益—流动性假说观点，流动性溢价表示投资者对于其持有的流动性风险证券的预期收益补偿。Liu（2006）构建“流动性扩展资产定价模型”，以美国上市公司为样本，证明流动性溢价的存在性，并指出流动性风险是股票定价的重要因子之一④。随着研究不断深入，部分学者认为流动性风险与投机性需求有关。例如，Lin 等（2014）的实证结果表明价格时滞溢价源于系统性流动性风险，价格时滞严重的股票很难吸引投资者的关注度（甚至有较高概率的零交易），进而致使投资者面临较高的流动性风险⑤。胡聪慧等（2016）进一步证实上述观点，但针对 A 股市场提出源自投机性需求的市场摩擦对股票收益的影响要远大于流动性等因素⑥。Ma 等（2019）在量化流动性风险及溢价的基础上，认为过度的投机性需求、私有信息的滥用等因素会造成市场摩擦，很可能导致股票流动性风险高于相应收益补偿⑦。有关流动性溢

① 参见谢庚．中小企业资本市场服务的组织交易内涵与科技探索［M］//．多层次资本市场研究（2020 第 1 辑）．北京：中国金融出版社，2020（1）。

② 参见 AmihudY. and Mendelson H. Asset Pricing and the Bid-ask Spread［J］. Journal of Financial Economics，1986，17。

③ 参见 AmihudY. Illiquidity and Stock Returns：Cross-section and Time-series Effects［J］. Journal of Financial Markets，2002，5。

④ 参见 LiuW. M. A Liquidity-augmented Capital Asset Pricing Model［J］. Journal of Financial Economics，2006，82。

⑤ 参见 Lin J. C.，Singh A. K.，Sun P. W. and Yu W. Price Delay Premium and Liquidity Risk［J］. Journal of Financial Markets，2014，17。

⑥ 参见胡聪慧，张勇，高明．价格时滞、投机性需求与股票收益［J］．管理世界，2016（1）。

⑦ 参见 Ma X. X.，Song P. C. and Zhang X. The Structural Changes of Liquidity Risk，and Liquidity Risk Premium in China Stock Market［J］. Emerging Markets Finance and Trade，2019，17。

价的来源，An 等（2020）采用 Hou 和 Loh（2016）[①] 提出的回归系数分解法对A 股市场流动性溢价进行归因分析，结果表明，公司规模和特质风险贡献大部分流动性溢价的变动成分，进一步支持上述学者的研究观点[②]。

本文以新三板原精选层 52 只连续竞价股票为样本（2021 年 11 月 15 日北交所开市，原精选层公司平移为北交所上市公司），量化流动性与股票收益之间的关系以及不同层次市场间流动性溢价的变化，为更加全面、有效研判北交所运行规律和市场定价效应提供重要决策依据，对于更好发挥资本市场枢纽功能、支持中小企业创新发展，具有十分重要意义。本文主要贡献有四方面：(1) 首先构建公司转板综合因子，采用面板分析方法考察股票流动性的横截面效应，对比分析不同类型转板因子对股票流动性的解释力。(2) 将市场流动性分解为预期和非预期流动性成分，采用面板分析方法考察市场流动性的时序效应，进一步对比分析预期和非预期市场流动性对股票超额收益的解释程度，所得结论进一步补充 Amihud（2002）的观点。(3) 建立原精选层与科创板非预期流动性溢价差异模型，探究主要定价因子在不同层次市场间流动性溢价中的影响作用。(4) 进一步提出不断创新完善北交所流动性提供机制和工具组合的相关建议。

本文结构安排如下：第二部分是研究设计，介绍实证研究的样本选择和变量定义；第三部分是实证模型和经济解释，实证检验市场流动性的横截面及时序效应；第四部分是结论与建议。

二、研究设计

（一）样本选择

本文样本数据来自 Wind 数据库，由 2020 年 7 月 27 日至 2021 年 5 月 27 日在原精选层挂牌交易的 52 只[③]股票公开发行、交易、财务指标等数据构成，并以日为计量周期。

---

① 参见 Hou K. and Loh R. Have We Solved the Idiosyncratic Volatility Puzzle? [J]. Journal of Financial Economics, 2016, 121。

② 参见 An J., Ho K. Y. and Zhang Z. Y. What Drives the Liquidity Premium in the Chinese Stock Market? [J]. The North American Journal of Economics and Finance, 2020, 54。

③ “朱老六”晋层首日走势相对平稳且收盘价较公发价收平，该股 Amihud 流动性指标为零，未对本文结论产生显著影响。但考虑到样本完整性和可比较性，在计算转板因子时将其考虑其中。故本文选择 52 只股票作为研究样本。

（二）变量定义

1. 流动性

（1）股票流动性

本文采用各界广泛使用的 Amihud 指标来度量股票流动性，该指标数值越大，表示市场冲击成本越大，股票流动性越小。股票 i 在 t 日的流动性为：

$$ILLIQ_t^i = \frac{|R_t^i|}{AMO_t^i} \times 10^8 \tag{1}$$

其中，R_t^i 为以股票收盘价（前复权）计算的日收益率；AMO_t^i 为日成交金额。

（2）市场流动性

原精选层 t 日市场流动性以股票日度流动性的均值表示，计算公式为：

$$AILLIQ_t = \frac{1}{N_y} \times \sum_{i=1}^{y} ILLIQ_t^i \tag{2}$$

其中，N_y 为每个交易日成交股票的数量。

（3）预期市场流动性

借鉴 Chua 等（2007）[①] 研究，根据赤池信息量准则并采用 AR（3）时间序列模型估计 t 日原精选层市场流动性，计算公式如下：

$$AILLIQ_t = \varphi_t + \varphi_{t-1}AILLIQ_{t-1} + \varphi_{t-2}AILLIQ_{t-2} + \varphi_{t-3}AILLIQ_{t-3} + \epsilon_t \tag{3}$$

其中，$AILLIQ_{t-1}$、$AILLIQ_{t-2}$ 和 $AILLIQ_{t-3}$ 分别为滞后一期、滞后两期和滞后三期市场流动性；ϵ_t 为 t 日回归残差。

定义 t 日预期市场流动性为模型（3）的拟合值，计算公式为：

$$AILLIQ_t^E = \varphi_t + \varphi_{t-1}AILLIQ_{t-1} + \varphi_{t-2}AILLIQ_{t-2} + \varphi_{t-3}AILLIQ_{t-3} \tag{4}$$

其中，$AILLIQ_t^E$ 为 t 日预期市场流动性。

（4）非预期市场流动性

根据模型（4），定义 t 日非预期市场流动性为市场已实现流动性与预期流动性之差，计算公式为：

$$AILLIQ_t^U = AILLIQ_t - AILLIQ_t^E \tag{5}$$

其中，$AILLIQ_t^U$ 为 t 日非预期市场流动性。

① 参见 Chua C., Goh J. and Zhang Z. Idiosyncratic Volatility Matters for the Cross-section of Returns—in More Ways Than One! [R]. Unpublished working paper, Singapore Management University, Singapore, 2007。

2. 股票超额收益

股票超额收益表征股票价格走势相对于无风险资产的强弱，计算公式为：

$$CR_t^i = R_t^i - R_f \tag{6}$$

其中，R_f 为商业银行 3 个月定期存款利率折算的日化收益率。

3. 转板综合因子

根据转板规则，综合考虑以下六种转板上市适用情形，采用 RANK 函数（升序）计算原精选层公司向科创板、创业板转板因子大小（$TL0^i$），转板综合因子越大，市场转板预期越强，计算公式为：

$$TL0^i = \frac{1}{6} \times (TL1^i + TL2^i + TL3^i + TL4^i + TL5^i + TL6^i) \times VOL^i \times ECO^i \tag{7}$$

其中，$TL1^i = \frac{1}{N_y} \times RANK(NPD^i)$，表示原精选层公司最近两年扣非后净利润均为正且累计≥5000 万元的相对排名；

$TL2^i = \frac{1}{N_y} \times RANK(MV^i) \times TL1^i$，表示原精选层公司收盘市值[①]的相对排名×“最近两年扣非后净利润均为正且累计≥5000 万元”的相对排名；

$TL3^i = \frac{1}{N_y} \times RANK(MV^i) \times \frac{1}{N_y} RANK(REV1^i)$，表示原精选层公司收盘市值的相对排名 ×“最近一年净利润为正且营业收入≥1 亿元”的相对排名；

$TL4^i = \frac{1}{N_y} \times RANK(MV^i) \times \frac{1}{N_y} RANK(REV2^i) \times \frac{1}{N_y} RANK(RES^i)$，原精选层公司收盘市值的相对排名 ×“最近一年营业收入≥2 亿元”的相对排名 ×“最近三年累计研发投入占最近三年累计营业收入的比例≥15%”的相对排名；

$TL5^i = \frac{1}{N_y} \times RANK(MV^i) \times \frac{1}{N_y} RANK(REV3^i) \times \frac{1}{N_y} RANK(CASH^i)$，原精选层公司收盘市值的相对排名 ×“最近一年营业收入≥3 亿元”的相对排名 ×“最近三年经营活动产生的现金流量净额累计≥1 亿元”的相对排名；

$TL6^i = \frac{1}{N_y} \times RANK(MV^i) \times \frac{1}{N_y} RANK(RES^i)$，原精选层公司收盘市值的相对排名 ×“最近三年累计研发投入占最近三年累计营业收入的比例≥15%”的相

① 原精选层公司收盘市值以 2021 年 5 月 27 日前 20 个、60 个和 120 个交易日（不包括股票停牌日）收盘市值算术平均值的孰低值为准。

对排名；

VOL^i 为2021年5月27日前60个交易日，经分红送转比例调整后的累计成交量；

ECO^i 为分拆上市变量，存在分拆上市情形的，取值为0.5，不存在分拆上市情形的，取值为1。

4. 特质波动率

借鉴 Ang 等（2006）① 研究，应用 Fama-French 三因子模型②计算股票特质波动率。股票日超额收益对 Fama-French 三因子模型进行回归，取其回归后残差值的标准差与滚动5个交易日的算数平方根的乘积作为股票 i 在 t 日的特质波动率，计算公式如下：

$$CR_t^i = \alpha_t^i + \beta_t^i MKT_t + \gamma_t^i SMB_t^i + \delta_t^i HML_t^i + \varepsilon_t^i \tag{8}$$

其中，MKT_t、SMB_t^i 和 HML_t^i 分别为股票 i 在 t 日的市场因子、规模因子和价值因子③；ε_t^i 表示股票 i 在 t 日的残差项。

股票 i 在 t 日已实现特质波动率计算如下：

$$IV_t^i = \sqrt{n_t^i} Std(\varepsilon_t^i) \tag{9}$$

其中，$Std(\varepsilon_t^i)$ 是残差项的标准差；n_i 是股票 i 的交易天数。

5. 价格时滞

参照 Hou 和 Moskowitz（2005）④ 的定义，构建价格时滞模型：

$$CR_t^i = \alpha_t^i + \beta_t^i MKT_t + \sum_{k=1}^{2} \delta_i^{(-k)} MKT_{t-k} + \varepsilon_t^i \tag{10}$$

其中，MKT_{t-k} 为滞后 k 期市场收益率，并令 k=2。

在此基础上，构建股票价格时滞因子：

$$D1_t^i = 1 - \frac{R^2_{\delta_i^{(-k)}=0}}{R^2} \tag{11}$$

① 参见 Ang A., Hodrick R., Xing Y. and Zhang X. The Cross-section of Volatility and Expected Returns [J]. Journal of Finance, 2006, 61。

② 参见 Fama E. and French K. The Cross-section of Expected Stock Returns [J]. Journal of Finance, 1992, 48。

③ 参见伍云，袁野．原精选层投资者情绪、股票收益和定价因子 [M] //. 多层次资本市场研究（2021年第1辑）．北京：中国金融出版社，2021。

④ 参见 Hou K. and MoskowitzT. J. Market Frictions, Price Delay, and the Cross-section of Expected Returns [J]. Review of Financial Studies, 2005, 18。

其中，R^2、$R^2_{\delta_i^{(-n)}=0}$ 分别为模型（10）中有（无）市场因子滞后变量的回归模型拟合度。如果股价对市场公共信息的反应越及时，当期市场收益对股票超额收益的解释能力越强；反之，$\delta_i^{(-k)} \neq 0$，说明股价对市场信息反应存在时滞效应，$D1_t^i$ 越大，市场定价效率越低。

6. 市场间定价因子差异

（1）非预期市场流动性溢价差异

以科创板为例，计算原精选层与科创板非预期市场流动性溢价差异，计算步骤如下。

首先，构建基于非预期市场流动性因子的股票超额收益面板模型：

$$CR_t^i = \alpha_t^i + \beta_t^i AILLIQ_t^U + \varepsilon_t^i \tag{12}$$

根据模型（12）回归结果，定义 t 日非预期市场流动性溢价为：

$$LP_t^U = \frac{1}{N_y} \times \sum_{i=1}^{y} \beta_t^i AILLIQ_t^U \tag{13}$$

其次，根据模型（13），计算原精选层与科创板非预期市场流动性溢价差异：

$$LPD_t^U = LP_t^U - LP_{at}^U \tag{14}$$

其中，LP_t^U、LP_{at}^U 分别原精选层、科创板非预期市场流动性溢价。

（2）Fama-French 三因子差异

原精选层与科创板市场因子差异（$MKTD_t$）、规模因子差异（$SMBD_t$）和价值因子差异（$HMLD_t$）的计算公式如下：

$$MKTD_t = MKT_t - MKT_{at} \tag{15}$$

$$SMBD_t = SMB_t - SMB_{at} \tag{16}$$

$$HMLD_t = HML_t - HML_{at} \tag{17}$$

其中，MKT_{at}、SMB_{at} 和 HML_{at} 分别科创板市场因子、规模因子和价值因子。

（3）投机需求因子差异

同样，参照上述相关指标量化方法，计算原精选层与科创板特质风险因子差异（IVD_t）和价格时滞因子差异（$DD1_t$）：

$$IVD_t = IV_t - IV_{at} \tag{18}$$

$$DD1_t = D1_t - D1_{at} \tag{19}$$

其中，IV_{at}、$D1_{at}$ 分别为科创板特质风险因子和价格时滞因子。

三、实证模型和结果分析

（一）数据的描述性统计

表1是原精选层流动性实证变量的描述性统计。从市场流动性的横截面效应看，样本期间股票日度流动性均值为0.8180，呈右偏尖峰分布；按股票维度统计，流动性最高为“贝特瑞”，最低为“常辅股份”。转板综合因子一定程度上表征投资者对于挂牌公司的转板预期，从转板综合因子数值可看出股票流动性预期的基本走向。样本期间转板综合因子分布较为稳定，均值为0.1287，单独看首批原精选层公司，转板综合因子居前分别为“贝特瑞”“球冠电缆”“新安洁”；不考虑成交量转板条件下，“翰博高新”“永顺生物”“富士达”转板预期较高。另外，转板综合因子最小值为“殷图网联”（0.0003），该公司不符合原精选层转板上市相关要求。

从市场流动性时序效应看，流动性及其成分因子相对较为平稳，接近于正态分布。转板规则①正式发布至2021年5月27日，非预期市场流动性为0.0334，相比转板规则征求意见②至正式发布期间（0.0657）原精选层流动性大约提升49.16%。非预期市场流动性明显转好进一步带来财富效应，转板规则正式发布至2021年5月27日，股票累计超额收益为0.1079，较转板规则征求意见至正式发布期间（-0.0360）上涨近400%。

原精选层与科创板非预期市场流动性溢价差异的均值为0，标准方差为1.2636，较单个市场流动性溢价的变化幅度相对较大。样本期间，市场间非预期流动性溢价差异（LPD_t^U）为正共有103个交易日，占比50.74%，并且大部分集中于转板规则发布之前，说明转板规则落地对于原精选层交投环境的改善具有重要的促进和推动作用。在控制变量中，市场间定价因子差异均呈右偏分布，其中，特质风险溢价差异的波动率相对更大，并存在个别正向扰动值；原精选层股票特质风险较科创板处于相对较高区域时，投资者表现出对于大规模成长型公司较强的投机需求，非预期市场流动性溢价差异收窄（-0.0118）。

① 2021年2月26日，沪深交易所发布《全国中小企业股份转让系统挂牌公司向上海证券交易所科创板转板上市办法（试行）》《深圳证券交易所关于全国中小企业股份转让系统挂牌公司向创业板转板上市办法（试行）》。

② 2020年11月27日，沪深交易所发布转板规则（征求意见稿）。

表 1　原精选层流动性实证变量的描述性统计

变量	均值	标准差	最小值	最大值	偏度	峰度
$ILLIQ_t^i$	0.8180	1.2902	0.0000	30.0007	6.5054	87.1115
$AILLIQ_t$	0.8180	0.3687	0.0796	2.0013	0.4636	3.1102
$AILLIQ_t^E$	0.7946	0.2496	0.2345	1.4147	0.0442	2.7094
$AILLIQ_t^U$	0.0234	0.2922	−0.6942	1.2164	0.9095	4.3577
LP_t^U	0.0000	0.0772	−0.3150	0.1895	−0.9095	4.3577
LPD_t^U	0.0000	1.2636	−4.8631	4.0024	−0.3053	4.4294
CR_t^i	−0.0002	0.0355	−0.6870	0.6651	−4.2942	106.0588
$TL0^i$	0.1287	0.1107	0.0003	0.5841	0.9423	3.9479
IV_t^i	0.4341	0.6525	0.0233	8.4953	6.2102	52.7277
$D1_t^i$	0.3082	0.3202	−1.1798	0.9505	−0.8056	6.6083
$MKTD_t$	0.0000	1.0291	−2.4815	3.8760	0.3838	3.6077
$SMBD_t$	0.0006	1.4123	−3.7356	5.3247	0.6309	4.7723
$HMLD_t$	0.0006	1.2989	−2.7006	6.1538	0.9597	6.0215
IVD_t	0.0000	1.3749	−2.4442	12.7081	2.0094	13.6496
$DD1_t$	0.0000	0.6476	−0.9523	1.8412	1.1816	3.6463

（二）原精选层流动性横截面效应的检验

本文首先分析原精选层转板综合因子对股票流动性横截面效应的影响。具体地，为比较不同转板适用情形对原精选层股票流动性的解释程度，采用面板估计方法对模型（20）和模型（21）进行逐项回归。

$$ILLIQ_t^i = \alpha_t^i + \beta_t^i TLN^i + \varepsilon_t^i \tag{20}$$

$$ILLIQ_t^i = \alpha_t^i + \beta_t^i TLN^i + \gamma_t^i AILLIQ_t + \delta_t^i D1_t^i + \varepsilon_t^i \tag{21}$$

其中，TLN^i 为股票 i 在 t 日的各类转板因子，ε_t^i 为股票 i 在 t 日的回归残差。

表 2 是数据标准化后原精选层股票流动性的面板随机效应估计结果。一是原精选层转板综合因子模型的拟合效果较好，对股票流动性具有较强的解释能力。转板综合因子与股票交易成本是显著的负向关系，在其他条件等同的情况下，原精选层公司转板预期每增加（减少）1%，当期股票流动性上升（下降）0.2614%。其中，流动性水平排名前三的“贝特瑞”“连城数控”“同力股份”，转板综合因子的均值为 0.3690，高于全样本转板综合因子均值（0.1287）186.71%；在不考虑分拆上市的情形下，“贝特瑞”的转板预期和流动性均排名第一，Amihud 指标为 0.0860。二是“市值+盈利性”转板因子对原

精选层股票流动性的正向作用相对较大。模型（20）回归结果表明，“市值+盈利性”转板因子在逐项回归中较为稳定，对股票流动性产生较大的正向影响，并且在1%的显著性水平下显著。其中，“市值+净利润”对股票流动性影响系数的绝对值最大（-0.2952），在原精选层公司市值相对排名中，扣非后净利润指标越高，公司转板预期带来的股票流动性越大①。三是转板预期刺激股票流动性是一方面，市场整体流动性和股票定价效率也很重要。加入市场流动性、价格时滞因子后，模型（21）的拟合效果有所增强。在其他条件等同的情况下，市场流动性大幅提升较大概率会带动个股成交活跃，轮动效应显现；买卖力量博弈趋于充分，促使股价相对更好地反映公司特质风险，从而股票定价效率有所提升，进一步提升个股流动性水平。四是尚未盈利科技创新型企业的转板预期与市场交易和定价功能紧密相关。模型（21）的结果表明，在共同考虑上述两类控制变量后，$TL6^i$ 的显著性消失，说明原来所观察到的科技创新型企业的转板预期主要是由市场流动性和定价效率的共同改善引起。对于尚未盈利的医药创新等企业来说，市场流动性越好，股价快速反应公司价值，公司交投活跃程度越高。例如，以“诺思兰德”为代表的非首批研发创新型公司，股票估值空间存有变化，但复权后预期累计成交量（VOL^t）排名居前，除与自身转板预期趋于向好以外，更多的是可能受到转板规则发布后市场活力进一步激发的重要推力。

此外，以是否发布转板公告将样本分为两组进行对比，以进一步检验原精选层一周年期间“市值+盈利性”转板预期对股票流动性的影响。表3结果表明，5家已发布转板公告的公司（拟转板公司）② 与其他原精选层公司在流动性、主要转板因子等方面存在显著差异。5家拟转板公司流动性水平显著优于其他原精选层公司，并且“市值+盈利性”转板因子均呈较高水平，其中，首家拟转板公司“观典防务”的交易活跃度最高。

① 为进一步论证检验结果的稳健性，剔除原精选层公司2021年第一季报公告可能产生的影响后对样本数据再次检验，所得结论与本中观点保持一致；剔除前后模型拟合度和回归系数变化差异均小于0.01，第一季报信披的短暂扰动可以忽略不计。

② 5家拟转板公司包括观典防务、翰博高新、泰祥股份、龙竹科技和新安洁。

表 2　原精选层股票流动性与转板因子回归结果

变量	模型（20）		模型（21）	
	$ILLIQ_t^i$	R^2	$ILLIQ_t^i$	R^2
$TL0^i$	-0. 2614*** (-6. 95)	0. 4472	-0. 2411*** (-7. 17)	0. 5675
$TL1^i$	-0. 2748*** (-6. 35)	0. 4067	-0. 2323*** (-5. 48)	0. 4650
$TL2^i$	-0. 2952*** (-7. 48)	0. 4821	-0. 2516*** (-6. 21)	0. 5088
$TL3^i$	-0. 2811*** (-6. 80)	0. 4387	-0. 2417*** (-6. 13)	0. 5050
$TL4^i$	-0. 1275** (-2. 17)	0. 0779	-0. 0973* (-1. 78)	0. 2345
$TL5^i$	-0. 1999*** (-3. 94)	0. 2171	-0. 1795*** (-3. 86)	0. 3638
$TL6^i$	-0. 1364** (-2. 46)	0. 0971	-0. 0890 (-1. 60)	0. 2247

注：*F* 检验 *p* 值为 0。括号内为 *z* 统计量，***、**、* 分别表示在 1%、5%、10%的显著水平下显著。

表 3　拟转板公司与其他公司流动性及转板因子对比

组别	$AILLIQ_t$	$TL0^i$	$TL1^i$	$TL2^i$	$TL3^i$
拟转板公司	0. 5363	0. 2486	0. 7577	0. 5045	0. 3766
其他公司	18. 1266	0. 1617	0. 5050	0. 3238	0. 3168
均值差异	-17. 5903**	0. 0869***	0. 2527***	0. 1807***	0. 0598***

注：***、**、* 分别表示统计检验 *p* 值在 1%、5%、10%的显著水平下显著。

（三）原精选层流动性时序效应的检验

接下来，本文将检验原精选层流动性时序效应对股票超额收益的影响，将市场流动性分解为预期市场流动性和非预期市场流动性两部分，并采用面板估计方法对模型（22a）~（22c）进行逐项回归。

$$CR_t^i = \alpha_t^i + \beta_t^i AILLIQ_t + \varepsilon_t^i \tag{22a}$$

$$CR_t^i = \alpha_t^i + \beta_t^i AILLIQ_t^E + \varepsilon_t^i \tag{22b}$$

$$CR_t^i = \alpha_t^i + \beta_t^i AILLIQ_t^U + \varepsilon_t^i \tag{22c}$$

表 4 是数据标准化后原精选层股票超额收益面板随机效应的估计结果。一是市场流动性的时序效应总体上对股票超额收益产生显著的正向影响。原精选

层市场流动性的影响系数为-0.0244，并且在1%的显著性水平下显著，但其对股票超额收益的解释力相对较弱。二是对比分析预期和非预期市场流动性对股票超额收益的影响，非预期市场流动性可以解释原精选层股票超额收益约70%的正向变动。模型（22c）结果显示，在其他条件等同的情况下，非预期市场流动性每增加（减少）1%，股票日超额收益上升（下降）0.0772%，政策红利、业绩驱动等因素导致原精选层流动性超出市场预期向好，投资者较大概率会赢得超额收益，市场财富效应进一步彰显。

表4 原精选层市场流动性与股票超额收益回归结果

模型	变量	系数	R^2
(22a)	$AILLIQ_t$	-0.0244*** (-2.22)	0.1438
(22*b*)	$AILLIQ_t^E$	0.0580*** (5.24)	0.0274
(22*c*)	$AILLIQ_t^U$	-0.0772*** (-7.12)	0.6940

注：*F*检验*p*值为0。括号内为*z*统计量，***、**、*分别表示在1%、5%、10%的显著水平下显著。

表5是数据标准化后上述资产定价模型回归分析得到的原精选层各投资组合的超额收益。一是非预期市场流动性是原精选层重要的定价因子之一。按照股票流动性水平从大到小（20%分位数）将原精选层股票分为P_1~P_5共5个投资组合，分析结果表明，股票流动性越差，非预期市场流动性对股票超额收益的影响（系数的绝对值）逐渐增大并且显著性增强，但大多投资组合的超额收益不显著。二是非预期市场流动性主要源于原精选层公司特质风险。公司特质波动率涵盖传统资产定价模型中无法解释的部分风险溢价成分，也是原精选层重要的定价因子。通过验证非预期市场流动性与特质波动率之间的相关性①，发现公司特质风险可以解释非预期市场流动性约76%的边际变化。原精选层组合股票配置数量有限，中小企业的预期特质风险很难被多元化投资策略完全分散，尤其在投资者追涨杀跌情绪较浓等因素叠加的情况下，很可能导致套利策略的交易费用异常高企（Pontiff，2006）②，进而导致原精选层流动性下

① 原精选层非预期市场流动性对公司特质波动率面板随机效应回归模型的拟合度为0.7605。

② 参见Pontiff J. Costly Arbitrage and the Myth of Idiosyncratic Risk [J]. Journal of Accounting and Economics, 2006, 42。

降。三是投资者对于流动性较低的股票倾向于要求一定风险溢价予以补偿。从投资组合分析法的结果看，投资者买入流动性较差（P_5）的股票，同时卖出流动性较好（P_1）的股票，倾向于会要求约0.11%的非预期流动性溢价。

表5　原精选层流动性投资组合回归结果（按$ILLIQ_t^i$分组）

变量	P_1	P_2	P_3	P_4	P_5
$AILLIQ_t^U$	-0.0006 (-0.05)	-0.0392** (-2.20)	-0.0623*** (-2.66)	-0.1357*** (-4.74)	-0.1363*** (-4.21)
α_t^i	0.0185* (1.65)	0.0079 (0.45)	-0.2111 (-0.70)	-0.0138 (-0.48)	0.0196 (0.23)

注：P_1 为 $ILLIQ_t^i<20\%$原精选层股票构成的投资组合；P_2 为 $20\%\leqslant ILLIQ_t^i\leqslant 40\%$原精选层股票构成的投资组合；$P_3$ 为 $40\%\leqslant ILLIQ_t^i\leqslant 60\%$原精选层股票构成的投资组合；$P_4$ 为 $60\%\leqslant ILLIQ_t^i\leqslant 80\%$原精选层股票构成的投资组合；$P_5$ 为 $ILLIQ_t^i>80\%$原精选层股票构成的投资组合。F 检验 p 值为0。括号内为 z 统计量，***、**、*分别表示在1%、5%、10%的显著水平下显著。

（四）市场流动性溢价差异的检验

为进一步检验原精选层与科创板市场流动性溢价差异的影响因子，在上节已证明原精选层非预期市场流动性溢价存在的基础上，采用面板估计方法对模型（23）进行逐项回归。

$$LPD_t^U=\alpha_t+\beta_t MKTD_t+\gamma_t SMBD_t+\delta_t HMLD_t+\varepsilon_t IVD_t+\epsilon_t DD1_t+\zeta_t \qquad (23)$$

表6是数据标准化后原精选层与科创板非预期市场流动性溢价差异的面板随机效应估计结果。一是五类定价因子差异对非预期市场流动性溢价差异具有较好的解释能力。所有方程回归结果均表明，市场间定价因子差异在逐项回归中较为稳定，始终对非预期市场流动性溢价差异产生显著影响，并且在1%的显著性水平下显著。二是市场间系统风险差异对非预期市场流动性溢价差异的边际影响最大。市场因子差异可以解释大约98%的非预期市场流动性溢价差异。在其他条件等同的情形下，市场因子差异每增加（减少）1%，非预期市场流动性溢价差异上升（下降）0.2107%，原精选层与科创板流动性风险差异带来的溢价成分主要源于市场效应。三是非预期市场流动性溢价差异也与规模效应、价值效应紧密相关。加入规模因子差异、价值因子差异等控制变量后，$MKTD_t$ 的系数略微下降，说明 $SMBD_t$、$HMLD_t$ 可以部分解释 $MKTD_t$ 对非预期市场流动性溢价差异的影响。原精选层公司与科创板公司在规模性、成长性等方面存在一定差异，公司转板上市前后流动性溢价水平除与市场指数表征性

密切相关外，也受到市场间规模效应和成长效应的联动影响。四是投机因子差异与非预期市场流动性溢价差异显著为负。公司特质风险和价格时滞反映投资者利用私有信息进行投机性交易的水平，当源自投机需求的市场摩擦大幅度超出其正常波动范围时，有可能导致有价证券价格被严重高估，市场定价效率降低，市场流动性风险高于预期收益补偿，非预期市场流动性溢价可能出现极端负值。如果试图平滑不同层次市场流动性风险溢价的差异，需要匹配与市场风险相适应的投资者准入制度，以满足不同类型和风格的投资者交易需求。

表 6　原精选层与科创板非预期市场流动性溢价差异的回归结果

序号	$MKTD_t$	$SMBD_t$	$HMLD_t$	IVD_t	$DD1_t$	R^2
1	0. 2107*** (15. 83)					0. 9819
2	0. 2391*** (17. 69)	0. 1161*** (11. 90)				0. 7653
3	0. 1969*** (12. 81)	0. 1721*** (12. 47)	-0. 0949*** (-5. 73)			0. 7831
4	0. 1969*** (12. 85)	0. 1603*** (11. 56)	-0. 0898*** (-5. 43)	-0. 0725*** (-7. 10)		0. 9266
5	0. 1998*** (13. 03)	0. 1615*** (11. 66)	-0. 0847*** (-5. 11)	-0. 0748*** (-7. 31)	-0. 0810*** (-3. 83)	0. 9207

注：F 检验 p 值为 0。括号内为 z 统计量，***、**、* 分别表示在 1%、5%、10%的显著水平下显著。

四、结论与建议

本文通过对原精选层流动性进行实证研究，得到以下几点结论及启示：一是转板综合因子与股票流动性之间是显著的正向关系，对股票流动性有较好的解释能力，"市值+净利润" 指标对股票流动性产生较大的正向影响。对此，应持续加大北交所上市后备军的储备力量，积极培育新能源、硬科技等优质企业，充分发挥北交所 "龙头" 撬动和 "反哺" 作用。二是非预期市场流动性具有定价效应，可以解释股票超额收益约 70%的正向变动，该结论进一步补充 Amihud（2002）的观点。基于此，一方面，应持续丰富交易机制类型，不断创新混合交易等流动性提供机制，另一方面，积极做好投资者预期引导和管理，优化市场流动性监测和预警机制，进一步完善市场功能措施储备。三是源自投机需求的市场摩擦可以解释非预期市场流动性约 76%的边际变化，多元化投资组合数量有限，可能导致套利策略交易成本上升，市场流动性下降。原精选层与科创板特质风险因子差异、价格时滞因子差异均与市场间非预期流动性溢价差异是显著的负向关系，投机类市场摩擦不容忽视。因此，要大力支持引导私募基金、公募基金等专业机构加大投资力度，持续丰富完善北交所指数化产品供给和配套制度，更大程度地发挥多元化投资组合的管理效能，满足投资者财富管理需求。

稿　约

《多层次资本市场研究》是由全国中小企业股份转让系统有限责任公司、北京证券交易所主办，面向社会公开连续出版的学术类出版物。内容涵盖中小企业发展、资本市场制度创新、金融创新等我国资本市场发展的重要问题。风格为理论与实践并重、宏观与微观结合、现实与前瞻兼顾。

选题范围包括：资本市场制度改革创新研究、新三板市场发展研究、民营经济产业研究、中小企业发展研究、资本市场微观行为研究、域外资本市场分析及启示、上市及挂牌公司案例研究、金融科技等。

栏目设置包括“理论前沿”“制度探索”“企业研究”“金融科技”“域外经验”“案例分析”等，每辑根据实际情况适当调整。

现面向全国经济、金融、法律、投资等理论界、实务界，诚征稿件。来稿应论点鲜明、逻辑严谨、结构合理、可读性强，具有学术深度和实践应用价值。稿件篇幅以8000~10000字为宜，特别优秀的理论稿件不受此限。稿件一经录用，编辑部将及时通知作者；采用后将根据文章质量及字数支付稿酬，并奉送样书。

投稿请发送至电子邮箱：tougao@ neeq. com. cn，并附作者简介，包括姓名、署名单位、职务或职称、研究领域、通信地址、邮政编码、联系电话、E-mail等信息。所有投稿应符合国家著作权规定、公认学术规范和所附《编辑体例》要求。

本书编辑部保留对来稿进行文字性和技术性修改的权利。所采用文章均不代表全国股转公司、北京证券交易所观点，文责由作者自负；除特别说明外，文章为作者个人观点，与其所在单位、职务无关。

投稿人向《多层次资本市场研究》投稿，即视为接受本稿约，并授权本书将稿件纳入《中国学术期刊网络出版总库》及CNKI系列数据库、“北大法宝”（北大法律信息网）期刊数据库等学术资源数据库以及全国股转公司、北京证券交易所官方互联网平台，稿酬已包含上述数据库著作权使用费。如有异议，请来稿时注明。

编辑体例

投稿论文应为作者原创、未公开发表、无知识产权争议并应符合学术规范，严禁一稿多投，并符合以下要求。

一、文章字数

文章应论点鲜明、逻辑严谨、可读性强，具有学术深度和实践应用价值，字数在8000~10000字为宜，特别优秀的理论文章字数不限。

二、标题

文章题名一般不超过20个字，必要时可加副标题。黑体三号字，居中。

三、作者

题目下方一行署名作者，宋体小四号字（居中），附加脚注、使用上标星号（*）标明，脚注中应当注明作者姓名、工作单位、职务、职称、学历。

四、摘要和关键词

摘要一般不超过300字；关键词3~5个，关键词之间用空格分隔。宋体小四号字，首行缩进。固定行距28磅。

五、正文

正文区分标题和内容，标题首行缩进，层级依次为“一、……”“（一）……”“1. ……”“（1）……”“①……”。一级标题采用黑体小四号字；二级标题采用楷体小四号字；内容首行缩进，宋体小四号字，固定行距28磅。

六、注释和参考文献

注释采用页下脚注，分页连续编号。注释非引用原文者，注释前加“参见”；引用资料非原始出处者，注明“转引自”；数个注释引自同一资料者，可合并同注。

参考文献附于文后，连续编号。注码放在文章标点之后，注码符号为“［1］……”字体及字号：宋体小五号字，首行缩进。

（一）著作类

1. 独著作品

董安生．民事法律行为［M］. 北京：中国人民大学出版社，2000：19-22.

2. 合著作品

徐明，李明良．证券市场组织与行为的法律规范［M］. 北京：商务印书馆，2002：10.

3. 多人合著作品

左卫民，等．可持续发展与环境资源法制建设［M］. 北京：中国法制出版社，2003：214-216.

4. 编辑作品

国务院研究室编写组．十三届全国人大一次会议（政府工作报告）辅导读本（2018）［M］. 北京：中国言实出版社，2018：65-67.

（二）论文类

1. 期刊

谢庚．新三板服务中小微实践［J］. 中国金融，2018（19）.

2. 论文集

（1）公开发行类

尹田．论动产善意取得的理论基础及相关问题［M］//民商法论丛（第29卷）. 北京：法律出版社，2004.

（2）非公开发行类

李文超，李明红．新形势下乡土法官调解模式的检视与完善——从人民法庭家事纠纷的微观角度［C］. 最高人民法院第二届人民法庭论坛论文集，2017.

3. 学位论文

王刚．西方各国金融系统演进和功能的制度分析——兼论我国金融系统的改革［D］. 长春：吉林大学，2004：189.

（三）译作类

亚当·斯密．国富论［M］．唐日松，等译．北京：华夏出版社，2005：224.

（四）报纸类

郑志刚．CDR：只是刚刚吹响上市制度改革的号角［N］．经济观察报，2018-04-16.

（五）辞书类

沃克．牛津法律大辞典［M］．北京社会与科技发展研究所，译．北京：光明日报出版社，1988：68.

（六）外文类

遵从该文种注释惯例。英文注释体例如下：

1. 著作类

Harold U. Faulkner. American Economic History［M］. Harper & Brothers Publishers, 1960：23-25.

2. 论文类

Gavin Goh & Andreas R. Iiegler, Retrospective Remedies in the WTO after Automotive Leather［J］. Journal of International Economic Law, 2003，9.

（七）网络类

梁慧星．关于中国物权法的起草［EB/OL］．［2009-08-08］．http：//article. chinalawinfo. com/article/user/article_display. asp？ArticleID=29283.

七、其他要求

（一）关于文章中的外文词语

1. 文章正文中第一次出现的外文词语，请不仅要标注出中文译义，并写全外文单词。

2. 图表中的图标、表头与单位等请用中文词汇。如引用外文，请标注中文译义。

（二）关于文章引用法律法规条文

1. 发布与实施的时间及发文单位要正确。

2. 法律法规的名称及引文内容要准确无误。引用具体法律法规、规范性文件应当加用书名号，首次引用应当使用全标题，如《中华人民共和国证券法》《中国证监会关于进一步推进全国中小企业股份转让系统发展的若干意见》。

3. 法条或文件内容序号（第×条、第×款、第×项）、时间（世纪、年代、年月日等）、数量金额等使用阿拉伯数字，但直接引用原文的从原文。

（三）关于图表

1. 文中若出现图表，内文中应提到“见表1……”或“见图1……”。

2. 图表中如有数字，请注明单位，图表中的图标、表头与单位等请用中文词汇。

3. 请注明图表的数据来源。

（四）关于统计百分比数据

含有百分比的数据要四舍五入精确到0.01%，各占比部分相加之和的误差小于或等于0.01%。